후천적
부 자

········· 보 론 ·········

『후천적 부자』 증보판을 낸다는 소식을 듣고 무척 반가웠다. 많은 사람들이 좋은 책이라며 서로 권유하고 여러 투자카페에서 언급될 뿐 아니라 추천도서로 선정되었지만 절판이 되어 읽을 수 없었다. 책을 보고 자신의 재정 문제를 진지하게 고민하고 개념 있게 살 수 있었다는 후기를 접할 때마다 좀 더 많은 정보를 주지 못한 걸 못내 아쉬워했었다. 책을 쓸 당시만 해도 미처 정리되지 않아 싣지 못한 중요한 정보들을 추가로 실었다. 시간이 지나고 시기가 다르고 유행이 변해도 원칙과 기본은 다르지 않다. 개정판 덕분에 더 많은 사람들에게 『후천적 부자』 내용을 전달할 수 있게 되었다. 단 한 권의 책이 인생을 변화시키듯 당신의 투자에 기본이 되기를 희망한다.

새로운 부자의 탄생

후천적 부자

이재범 지음

프레너미
FRENEMY PUBLISHING

10년 후가 기대되는 투자법

돈을 벌고 싶었다. 돈을 벌어 경제적 자유를 누리고 싶었다. 그리고 그만한 돈을 벌기 위해서는 사업이나 투자를 해야 한다는 것을 알게 되었다. 사업은 아이템이 좋거나 자본이 있어야 했다. 둘 다 가지고 있지 않던 필자에게는 요원한 일이었다. 그래서 투자로 눈을 돌렸다. 돈이 있어야 한다는 건 사업과 똑같지만 당장 큰돈이 없어도 시작할 수 있고, 사업과 달리 평생 할 수 있을 것 같았다.

그렇게 투자 공부를 시작했다. 2001~2002년 무렵이었고, 이제 막 '재테크'라는 용어가 일본에서 건너왔을 때였다. 투자의 개념은커녕 단어의 뜻도 잘 모르던 시기였던 만큼 투자에 대한 지식을 알려주는 사람도, 강의도 거의 없었다. 필자가 할 수 있는 공부는 책을 읽는 것뿐이었다. 그렇게 책을 통해서 투자의 세계로 진입했다. 당시에는 투자 관련서도 그다지 많지 않아 경제학, 재테크, 실전 투자, 부자학, 성공학 등의 책을 두루 섭렵했다. 그렇게 1년에 150여 권의 책을 읽으면서 투자에 대해 조금씩 알게 되었다.

가진 돈은 많지 않았다. 계속해서 공부는 했지만 직접 투자를 한다는 것은 꿈도 꾸지 못했다. 재무설계사로 일하기 시작했지만 형편은 크게 나아지지 않았고, 겨우 생활을 유지하는 정도였다. 그러나 1년에 150여 권 이상의 책을 계속해서 읽고 내면을 다스리면서 내공을 키운 결과 몇 번의 투자 기회를 잡을 수 있었고, 좋은 성과를 거두어 자산도 조금씩 늘었다.

지금도 물론 완전한 경제적 자유를 얻지는 못했다. 스스로 부자라고 이야기할 수 있는 단계도 아니다. 그럼에도 필자는 반드시 부자가 될 것이라고 믿는다. 단 한 번도 중간에 멈추거나 좌절하지 않고 꾸준히 투자를 하고 있기에, 조금 더뎌 보일지는 몰라도 분명히 목표에 도달할 것이라 믿는다.

투자로 한 번에 큰돈을 벌기 위해서는 여러 가지 면에서 운이 따라 줘야 한다. 그래서 일확천금을 노리는 투자를 하다 보면 능력 이상의 요행을 바라며 무모한 투자를 하게 된다. 그러나 이렇게 하는 투자의 경우 실패율이 높아지는 것은 물론 손해의 규모도 커진다. 회복 불가능한 수준으로 무너지는 일도 흔하다.

그래서 필자는 안정적으로 더 나은 미래를 만들기 위해 조금 느린 듯하더라도 꾸준히 투자하며 자산을 늘려나가고 있다. 적은 돈으로 하는 투자이기에 단번에 일확천금을 안겨주지는 않지만, 리스크가 적어서 실수를 하더라도 큰 타격을 받지 않고 '경험치'를 쌓을 수 있다. 당장 부자가 되고 싶은 마음에 무리한 투자를 하지 않고 조금씩 끈기 있게 투자하면서 매달 돈이 들어오는 수익 구조를 만드는 것이 야말로 현재를 희생하지 않으면서도 꾸준히 자산을 불려나가는 방법이다.

투자를 하면서 꽤 많은 사람들을 만났다. 함께 이야기를 나누며 공감하기도 하고 새로운 통찰을 얻기도 했다. 필자보다 많은 자산을 보유한 사람들도 만나봤고 필자보다 적은 사람도, 비슷한 사람도 만나봤다. 지속적으로 만남이 유지되는 사람도 있고, 이제는 무엇을 하는지 연락이 되지 않는 사람도 있다. 그런데 지금까지도 부담 없이 만나서 이야기를 나누는 사람들은 투자에 미쳐 눈이 벌게진 이들이 아니다. 투자에 무리하게 인생을 거는 사람들도 아니다. 한 번의 투자로 인생을 바꾼 사람도 없다. 이들은 아무리 돈이 된다고 해도 무리한 투자는 하지 않았고, 덕분에 지금까지 투자의 세계에서 살아남을 수 있었다.

'당장 쓸 돈도 없는데 어떻게 투자를 해?' '투자는 나와 상관이 없는 일이야' '투자로 내가 수익을 낼 수 있겠어?' '경제적 자유는 다른 사람의 이야기일 뿐이야'라고 생각하는 사람들에게 투자는 쉽지 않은 일이다. 그러나 필자는 이 책을 통해 자본주의 사회에서 경제적 자유를 누리며 살기 위해서는 투자가 꼭 필요하다는 것을, 지금 당장 돈이 없어도 끈기를 가지고 투자를 하면 '후천적 부자'가 될 수 있다는 것을 알려주려고 한다.

이제 우리나라는 저임금, 고물가, 저성장 시기에 접어들었다. 고작 2~3%의 경제성장률이 예측되는 이 시대에 알뜰살뜰 아끼고 저축한다고 해서 부자가 될 수는 없다. 자산을 모으고 미래에 대비하기 위해서는 보다 적극적인 투자가 필요하다.

당신의 나이가 몇 살인지는 중요하지 않다. 20대는 남은 인생이 많기에 당장 투자를 하지 않아도 되고 60대는 이미 늦었기에 투자를 못하는 것이 아니다. 나이는 정말 숫자에 불과하다. 후천적 부는 20대에 시작해서 40대에 이룰 수도 있고, 40대에 시작하여 60대에 이룰 수도 있다. 60대라면 지금부터 투자를 해서 노후를 여유 있게 즐기면 된다.

그러나 여윳돈이 생겨 여건이 되었을 때 바로 투자를 시작한다는 생각은 버려야 한다. 돈이 아무리 많아도 미리 준비하지 않으면 투자가 아닌 투기, 도박을 하게 된다. 지금도 수많은 사람들이 조급한 마음에 섣불리 투자했다가 돈을 잃고 있다. 투자의 속성도, 방법도, 투자를 할 때의 마음가짐도 미리 배워두지 않고 시작하는 투자의 결말은 불 보듯 뻔하다.

투자를 하기에 앞서서 또 한 가지 해야 할 일은 '부'의 개념을 바로 세우는 것이다. 부의 기준은 타인의 시선이 아니라 자신의 환경을 바탕으로 세워야 한다. 먹고사는 데 지장이 없을 만큼 부를 축적했다면 액수가 얼마가 되었든 간에 부자라고 할 수 있다. 얼마나 많은 자산을 가지고 있느냐 하는 것보다 경제적 자유를 이뤘느냐가 기준인 것이다.

이 책을 읽는 독자들은 투자에 대한 허황된 환상을 접고 '한방'을 노리는 투기를 조심하면서 천천히 꾸준하게, 삶의 향기가 나는 투자를 할 수 있었으면 한다. 책에는 엄청나게 높은 수익률을 올리는 방법도, 짧은 시간 내에 어마어마한 액수의 돈을 번 사람들의 화려한 이야기도 나오지 않는다. 그러나 후천적 부를 이루기 위해 가져야 할 투자 마인드와 전략은 확실하게 정리했다. 책에 담긴 투자의 개념을 열심히 익히고 꾸준히 실천한다면 최소한 10년 후에는 뿌듯한 마음으로 삶을 되돌아볼 수 있을 것이다. 아직 부자가 되지 못했다고 하더라도 분명히 그 여정 위에 놓여 있을 것이다. 그럼 지금부터 당신을 후천적 부자로 만들어줄 투자 마인드와 전략을 살펴보자.

이 재 범

1장

재테크의
새판을 짜라

기회는 누구에게나 열려 있다.
이런 시대에 단순히 자신의 직업에 안주해
월급만 받는 건 충분치 않다. 당신이 하고 싶은 걸 하고,
가고 싶은 곳을 가며, 갖고 싶은 걸 갖기 위해선
반드시 지혜롭게 저축하고 투자해야 한다.

윌리엄 오닐 William O'Neil

부의 기준을
다시 세워라

매년 '한국의 부자'에 관한 보고서를 발표하는 KB금융지주 경영연구소에서 부자의 기준에 대해 설문조사를 한 적이 있다. '돈이 어느 정도 있어야 부자라고 생각하는가'라는 질문에 95% 이상이 '최소 30억 원 이상'이라고 이야기했고, 다시 그 사람들에게 '평생 어느 정도 재산을 모을 수 있다고 생각하는가'라고 물었더니 60% 이상의 사람들이 '20억 원 미만'이라고 답했다. 많은 사람들이 자신은 평생 부자가 될 수 없다고 생각하는 것이다.

우리가 부자라고 할 때 떠오르는 이미지는 대개 이렇다. 아침에 눈을 떠 주방에 가면 일하는 아주머니가 식사 준비를 끝내고 기다리고 있다. 식사를 한 뒤에는 외제차를 몰고 회사로 이동하고, 점심에는 품위 있는 호텔에서 식사를 한다. 값비싼 옷과 구두, 일반인의 몇 년치 연봉에 해당하는 고가의 시계로 치장하고 일을 한다……. 드라마와 영화가 만들어내는 이러한 이미지는 사람들로 하여금 부자에 대한 환상을 가지게 만든다. 최소한 100억 원은 있어야 '자칭 타칭' 부자라고 느끼게 만드는 것이다.

그러나 부자의 개념은 상대적이다. 가장 중요한 것은 남들에게 부자라는 소리를 듣는 것이 아니라, 스스로 먹고사는 데 불편함이 없는 상태가 되는 것이다. '스스로 먹고사는 데 불편함이 없는 상태'라는 기준 자체가 주관적이기에 '부' 혹은 '부자'의 개념은 사람마다 다를 수밖에 없다.

물론 먹고사는 데 불편함은 없지만 몇 달 지나지 않아 가진 돈이 바닥나는 상황이라면 부자라고 할 수 없다. '부'에는 자산의 규모뿐만 아니라 그 자산을 효율적으로 쓸 능력이 있느냐 하는 점도 포함되기 때문이다. 자산을 관리할 능력이 없다면 돈은 금세 빠져나갈 수밖에 없다. 진정한 부자가 되고 싶다면 '돈'과 '돈 관리하는 능력'을 함께 키워야 한다.

타인의 시선을 버려라

부자를 멀리에서 찾을 필요도 없다. 우리 주변에도 많다. 당장 출근해서 만날 수 있는 회사의 사장도 부자일 확률이 높다. 당신이 전세나 월세로 살고 있다면 그 집의 주인 역시 부자일 수 있다. 혹시 부모님이 은퇴를 하고도 생활하시는 데 전혀 지장이 없고 오히려 손자들에게 용돈까지 주신다면 당신의 부모님도 부자다. 직장 상사가 월급은 얼마 안 되는 것 같은데도 생활비 걱정을 하지 않는다면 그 역시 부자일 수 있다.

부의 기준은 남의 시선에 있는 것이 아니다. 타인을 의식하여 더 많은 부를 가지려고 하면 밑도 끝도 없는 길을 가야만 한다. 정말로 그러고 싶은가? 억대의 자산을 가지고도 자신을 부자라고 생각하지 않는 사람들이 있다. 타인의 시선을 의식한 결과이다. 그러나 진짜 중요한 것은 자기 삶을 지킬 수 있는 돈과 능력을 가지고 있느냐이다. 더 큰 부를 얻기 위해 한없이 위만 바라보고 사는 것보다 자신의 생활 수준에 맞는 곳에서 풍요롭게 사는 것이 더 낫지 않은가.

재테크의 목적이 남들에게 부자라고 인정받는 것이 아니라면 타인의 눈치를 볼 필요 없이 자신만의 기준과 목표를 세워 경제적 자유를 이룩하면 된다. 타인의 시선을 버리지 못한다면 당신은 월 1000만 원의 수입이 있어도, 20억 원짜리 건물을 보유하고 있어도 삶에 만족하지 못할 것이다. 행복한 부자가 되는 길은 멀리 있지 않다.

돈을 다루는 기술

　사농공상에 대한 인식과 체면을 중시하는 유교사상이 남아 있어서 그런지 사람들이 돈을 바라보는 관점은 상당히 이율배반적이다. 많은 이들이 돈을 좋아하고 필요로 하면서도 대놓고 돈에 대해 이야기하는 것은 터부시한다. 주변에서 누군가가 돈에 대한 욕망을 이야기하면 속물이라며 손가락질을 하지만, 재테크로 부자가 되었다는 사람이 강의를 한다고 하면 그의 비법을 듣기 위해 몰려간다. 돈을 많이 번 사람들에 대한 험담을 늘어놓으면서도 속으로는 부러워하고 그들이 어떻게 돈을 벌었는지 궁금해한다.

　20년간 꾸준히 부자들에 관해 연구해온 토마스 J. 스탠리Thomas J. Stanley와 윌리엄 D. 댄코William D. Danko의 〈이웃집 백만장자〉(리드리드출판, 2002)는 사람들이 백만장자에 대해 흔히 가지는 오해와 편견을 지적하고 진짜 부자들의 삶을 보여준다. 책에 등장하는 부자들은 자수성가한 인물들로, 자신의 일을 열심히 하면서 한 푼 두 푼 아낀 돈으로 투자하여 돈을 불린 사람들이다. 그들은 부자가 된 지금도 여전히 일과 투자를 병행하면서 부를 늘리고 있다. 결코 돈에 대한 욕망을 터부시하지 않으며 돈의 필요성을 인정한다.

필자는 예전에 100억 원대의 자산가를 만난 적이 있다. 그는 한창 이야기를 나누다 말고 갑자기 지갑을 보여 달라고 했다. 아무 생각 없이 지갑을 꺼냈는데 그는 대뜸 지갑을 열더니 지폐를 한번 살펴보고는 지갑을 다시 돌려줬다. 그리고 말했다. "지갑에 든 지폐만 보아도 그 사람이 부자가 될 수 있는지 없는지가 보인다네."

이야기인즉슨 자신이 지금까지 만난 사람들 중에서 부자가 되었거나 어느 정도 자산이 있는 사람들은 지폐를 늘 곱게 펴서 지갑에 넣어둔다는 것이었다. 심지어 다리미로 빳빳하게 다려서 가지고 다니는 사람도 있다고 했다. 그는 이 이야기를 하면서 돈을 소중하게 여기는 마음가짐의 중요성에 대해 역설했다.

적은 돈도 소중히 하라

연봉 100만 원을 벌었던 20대의 필자는 늘 돈이 없었다. 돈이 없으니 어지간한 거리는 걸어 다녔고 밥은 얻어먹었다. 심지어 한번은 집에 돌아갈 차비가 없는데 차마 사람들에게 돈을 빌리지 못해 2~3시간을 걸어서 집에 온 적도 있다. 단 돈 몇 백 원이 없어서 벌어진 일이었다.

그때부터 지금까지 필자는 적은 돈도 소중히 하기 위해서 엑셀로 된 가계부를 만들어 매일같이 쓰고 있다. 10원 단위까지 정확하게 쓰지는 않지만, 어느 곳에 얼마를 썼는지 파악할 수 있도록 최대한 꼼꼼하게 기록한다. 통장에서 자동으로 빠져나가는 금액은 물론 통장으로 들어오는 수입에 대해서도 전부 기입한다.

아이들에게도 용돈기입장을 만들어주고 매주 토요일마다 확인하고 있다. 잘못 기입했거나 틀린 내용이 있으면 용돈에서 일정 금액을 깎는다. 돈의 소중함을 일깨워주고 올바른 소비 습관을 들이기 위함이다. 석유 사업으로 엄청난 자산을 축적하여 역대 최고의 부자로 기록된 록펠러John D. Rockefeller도 자녀들을 이렇게 교육했다. 매주 용돈기입장에 정확한 사용처를 기록하면 상금을 주고 그렇지 못하면 벌금을 매겼다. 또한 용돈의 3분의 1은 개인 용도, 3분의 1은 저축, 3분의 1은 기부를 하도록 가르쳤다.

록펠러는 아쉬울 것 없이 돈을 쓰게 할 수 있는 환경이었음에도 올바른 소비 습관을 들이고 돈을 소중히 다루는 법을 가르치기 위해 엄격하게 지도했다. 당시에 용돈을 올려 달라고 떼쓰는 아이들에게 부모가 "록펠러처럼 준다"고 하면 아이들이 더 이상 용돈 이야기를 하지 못했을 정도라고 한다.

록펠러는 "재산이라고 하는 것은 성실하게 관리하라고 하나님이 잠시 맡겨 놓은 것이기 때문에 낭비하지 않는 것이 도리"라는 말과 함께 "현명한 부모가 제대로 인도해주지 않은 재산 상속은 축복이 아니라 저주다"라는 말까지 했다. 돈에 대한 마음가짐부터가 남다른 것이다.

돈을 불려 경제적 자유를 얻고 싶은가? 그렇다면 돈에 대한 태도부터 재정립해야 한다. 사람이 살아가는 데 돈이 얼마나 중요한 역할을 하는지 되새겨보고 돈의 소중함을 인정해야 한다. 이런 마음가짐도 없이 부자가 되기만을 바란다면 돈은 손안의 모래처럼 계속 빠져나갈 것이다.

부자들의
특별한 성공 비법

　'끌어당김의 법칙'이라는 것이 있다. 생각한 대로 이뤄진다는 말이다. 멋진 말이다. 하지만 사람들이 착각하는 것이 있다. 무조건 강렬하게 바라기만 하면 된다고 믿는 것이다. 간절히 원하기만 하면 꿈을 이룰 수 있다고 생각한다.

　부에 대한 바람도 마찬가지이다. 부자가 되고 싶다는 강렬한 욕망을 끌어올리며 꿈이 이루어지기를 바란다. 하지만 과연, 부자가 되고 싶다는 욕망만으로 부자가 될 수 있을까? 이는 수능시험을 보는 학생이 매일같이 골방에서 가부좌를 틀고 앉아 고득점을 기원하는 것과 같다. 공부는 하지 않고 기도만 해서는 높은 점수를 얻을 수 없음을 잘 알 것이다. 마찬가지이다. 부자가 되고 싶다는 욕망이 아무리 강렬해도 막연한 기도만으로는 절대로 부자가 될 수 없다.

　막연히 부를 동경하는 사람들의 심리는 로또를 사는 사람들의 심리와 같다. 부자가 되고 싶다고 간절하게 기도하며 꿈이 이뤄지기만을 기다리는 것과, 부자가 되기 위한 전략도 없이 일확천금을 꿈꾸며 로또를 사는 것이 뭐가 다른가? 노력 없는 기대는 결실을 맺기 어려운 법이다. 당신도 알고 있을 것이다. 로또에 당첨된 사람은 매우 드물다는 것을.

부자가 되려면 어떻게 해야 할까? 부자라는 것은 돈이 많아야 한다는 기본 전제가 있다. 돈을 벌거나 굴리거나 모아야 하는 것이다. 따라서 구체적인 목표를 세우고 그 꿈을 이루기 위해 노력해야 한다. '집 한 채를 갖고 싶다'라고 추상적으로 생각할 것이 아니라 '서울시 종로구 종로동의 30평짜리 종로아파트를 갖고 싶다'와 같이 명확하게 손에 잡히고 눈으로 그릴 수 있는 목표를 잡고 현실적인 계획을 세워 실행에 옮겨야 한다. 그래야 끌어당김의 법칙도 작동한다. 노력이 뒷받침될 때 간절함도 빛을 발하는 것이다.

그런데 노력의 방법에 대해서도 고민해봐야 한다. 고물가, 저금리 상황이 계속되면서 저축만으로는 부를 이루기가 어려워졌기 때문이다. 돈을 불리고자 한다면 각종 금융상품에 가입하여 돈을 모을 것이 아니라 부동산이든 주식이든 직접 투자를 해야 한다. 리스크를 최소화하는 소액 투자로 경험치와 수익을 쌓아가는 것이다.

여기, 부자가 되고 싶은 두 사람 A와 B가 있다. 둘 다 서른 살의 나이로 200만 원의 월급을 받는다. A는 여러 가지 금융상품에 가입하여 돈을 모으지만 직접 나서서 투자하지는 않는다. 한편 B는 돈도 모으고 책도 읽으면서 투자 계획을 세우고, 투자와 관련된 온라인 카페의 사람들을 직접 만나 다양한 이야기도 들으면서 적은 돈이나마 실제로 투자를 한다.

그렇게 5년이 지난다. A는 여전히 돈을 모으고 있으나 저금리 상황이 계속됨에 따라 현금은 크게 불어나지 않고 재테크 실력도 그다지 나아진 것이 없다. 다만 이렇게 계속 돈을 모으다 보면 언젠가는 부자가 될 것이라고 믿는다. B는 적은 돈이지만 꾸준히 투자하면서 성공도 맛보고 실패도 경험한 덕에 투자의 속성뿐만 아니라 이론과 실제의 차이에 대해서도 알게 된다. 그리고 그동안 모은 돈으로 본격적인 투자를 시작한다. 실패에 대한 두려움은 없다. 투자할 돈의 액수가 조금 커졌을 뿐 지금까지 했던 방법으로 시행착오를 줄이면서 투자한다면 좋은 결과를 얻게 되리라 자신한다.

지금 돈이 없어도 부자가 될 수 있다

많은 이들이 재테크 책을 찾아 읽으며 부자의 꿈을 꾼다. 하지만 대부분은 A처럼 생활비를 아껴서 차곡차곡 모으는 것으로 그친다. 그나마 이렇게 꾸준히 돈을 모으는 사람도 많지 않다. B처럼 적극적으로 투자를 하며 실력을 쌓아가는 경우는 굉장히 드물다. 투자를 통해 경제적 자유를 얻은 사람은 무언가 특별하다고 생각하는가? 맞다. 그들은 특별하다. 부자를 막연히 동경하고 부러워하는 사람과 달리 그들은 멈추지 않고 노력하고 실천한다.

투자는 누구나 할 수 있다. 처음부터 큰돈으로 거창하게 투자해야만 경제적 자유를 얻을 수 있는 것은 아니다. 적은 돈이라도 구체적인 목표를 설정하고 꾸준히 투자하다 보면 투자 실력과 함께 돈은 저

절로 쌓이기 마련이다. 막 태어난 갓난아기는 걷고 뛸 수 없다. 몸 뒤집기를 한 다음 부지런히 기어 다니면서 근력을 키운 후에야 일어설수 있고, 또 그렇게 한참 동안 운동신경을 발달시켜야 걷고 뛸 수 있다. 투자도 마찬가지이다. '투자의 근력'을 먼저 키워야 제대로 된 성과를 낼 수 있다.

부를 얻어 경제적 자유를 누리고 싶은가? 1년 전에도 10년 전에도 부자에 대한 꿈만 꾸고 여전히 제자리에 머물러 있다면, 부에 대한 동경을 버리고 투자를 통해 작은 목표부터 하나씩 이뤄나가라.

재무설계의
숨겨진 진실

본디 '재무설계'란 금융 선진국인 미국과 영국을 중심으로 1980년 대부터 시작되었다. 미국과 영국은 재무설계가 일찍부터 발달한 만큼 개인의 재무설계도 굉장히 일반화되어 있는데, 이곳의 재무설계 사들은 단순히 고객의 돈을 효율적으로 관리하는 것에서 나아가 한 사람의 인생을 설계하고 지속적으로 도움을 주는 역할을 한다. 그리고 재무설계사 한 명에 변호사 한 명, 세무사 한 명, 이런 식으로 각 분야의 전문가가 팀을 이뤄서 한 개인의 금융과 관련된 모든 것을 전반적으로 코치하고 자산을 지키기 위해 노력한다.

이들은 고객의 자산에 대비해 수수료를 받는다. 100억 원을 가진 고객을 관리하고 1%의 수수료를 받는 팀의 경우 고객의 자산을 지키기만 해도 1년에 1억 원을 받는다. 따라서 이들은 무리해서 금융상품을 팔아야 할 이유가 전혀 없다. 자산만 지켜줘도 수수료로 1%를 받기에 굳이 금융상품까지 팔려고 하지 않는 것이다. 100억 원대의 자산가 10명만 관리해도 10억 원이라는 수수료가 생기므로 엉뚱한

짓은 하지 않는다.

금융상품 가입으로 이어지는 재무설계

하지만 우리나라 재무설계사들은 다르다. 우리나라의 재무설계는 2000년 한국FP협회가 설립되면서 시작되었는데, 근본적으로 보험에서 출발했다. 그리고 '아줌마'로 불리던 보험설계사는 종신보험이 등장하면서부터 전문가로 인정받기 시작했다. 금융지식으로 무장한 이들은 '생애설계를 하는 전문가'로 불리게 되었지만, 이들 중에는 기존에 '아줌마'라고 불릴 때보다 전문적인 지식이 없는 사람들도 다수 있었다.

종신보험에 가입할 수 있는 잠재 고객이 포화 상태가 된 다음에는 변액보험, 실손의료보험 등이 차례로 등장했다. 다양한 혜택과 조건을 가진 보험상품들이 쏟아져 나왔고, 많은 사람들이 여러 가지 보험에 다양하게 가입했다. 하지만 보험상품의 종류가 너무 많아지고 보험료의 부담이 늘면서 많은 이들이 본인에게 필요한 보험만 가입하려고 하기 시작했다. 이를 타개하기 위해 새롭게 등장한 것이 바로 재무설계라는 것이다.

우리나라의 재무설계사들은 수입과 지출을 조절하는 방법과 각종 금융지식을 알려주며 사람들에게 접근한다. 그리고 결혼, 주택 구입, 아이들 교육, 노후 준비 등 살면서 꼭 겪게 되는 금전적 이벤트에 대해 이야기한다. 지금부터 준비하지 않으면 늦는다고 경고하며 자연스럽게 그에 맞는 금융상품을 제안하고 가입하게 한다.

많은 사람들이 이렇게 보험과 펀드, 예금, 적금에 가입한다. 재무설계 담당자에게 직접 가입하는 상품도 있고 그가 추천한 금융사에 가입하는 경우도 있다. 보통 보험과 펀드는 재무설계 담당자와 연계되어 있는 금융사의 상품에 가입하고, 적금 같은 경우에는 재무설계사를 통한 상품이 없으니 담당자가 추천한 금융사의 상품에 가입한다. 여기까지는 별 문제가 없다. 하지만 액수가 커지면 이야기가 달라진다.

수입에 비해 너무 과도하게 비싼 상품에 가입하면 문제가 된다. 따로 보면 어느 것 하나 버릴 만한 상품이 없지만, 자신의 상황에 맞지 않다면 가입하지 않는 게 더 낫다. KB금융지주 경영연구소가 2013년에 발표한 '한국 금융소비자의 중도해지 및 환매 행태 연구'에 따르면, 금융 소비자 중 64%가 1년 이내에 금융상품을 중도 해지했다. 이들은 평균 2.2개의 금융상품을 만기까지 유지하지 못했고, 중 도 해지한 금융상품은 예금, 적금이 52%로 가장 많았으며 보험이 23%, 펀드가 20% 등이었다.

미래를 준비하고 싶어 하는 그 마음은 이해가 되지만 감당하지도 못할 만큼의 큰돈을 금융상품에 불입하며 현재를 희생하다 보면 정작 미래를 준비하기도 어려워지는 아이러니한 상황이 발생한다. 따라서 재무설계를 효율적으로 활용하기 위해서는 본인 스스로 어느 정도의 금융지식을 가지고 있어야 한다. 지식이 있어야 객관적인 평가가 가능하기 때문이다. 재무설계를 받는 순간에는 밝은 미래가 보일지 몰라도 몇 달 지나면 비참한 현실만을 보게 될 것이다.

현재를 희생하지 않는 재테크

재무설계를 받는 것 자체는 나쁘지 않다. 금융 전문가들의 의견을 들을 수 있는 기회이기 때문이다. 그러나 본래 재무설계란 가지고 있는 자산을 효율적으로 관리하기 위한 방법이지, 자산을 크게 불리기 위한 것은 아니라는 사실을 명심해야 한다.

많은 사람들이 재무설계사의 말만 들으면 돈을 불릴 수 있다고 착각한다. 하지만 재무설계만으로 부자가 된 사람은 없다. 이미 부자가 된 사람이 재무설계를 통해 그 부를 더욱 굳건히 지키게 된 경우가 있을 뿐이다. 재무설계사를 만나 조언을 듣고 그들이 제안한 포트폴리오에 따라 금융상품에 가입하는 것 자체를 탓하는 건 아니다. 하지만 그들은 고객뿐만 아니라 자기 자신에게도 이익이 남는 제안만 한다. 자신의 이익보다 고객의 재무상황을 더 고려할 가능성은 희박하기에 고객이 100% 만족할 만한 결과는 도출되기 어렵다.

자산을 유지, 관리하는 데서 나아가 똑똑하게 돈을 불리고 싶다면, 현재의 여유로운 삶을 포기하지 않으면서 미래를 준비하고 싶다면 재무설계사의 이야기에만 귀 기울일 것이 아니라 직접 투자에 나서야 한다. 이것이 바로 현재의 삶을 희생하지 않으면서 후천적 부를 얻는 방법이다.

지킬 것인가,
불릴 것인가

통계청 자료에 따르면 2012년도 기준으로 4인 가구의 월평균 소득은 470만 원 정도이다. 그런데 삼성경제연구소가 2012년 전국의 1000가구를 대상으로 실시한 조사에 따르면 4인 가구가 생활비, 주거비, 교육비 등을 포함해 인간다운 삶을 위해서 한 달에 필요하다고 생각한 금액은 평균 301만 원이다. 내 집 마련 비용, 자녀의 대학 등록금 및 결혼 비용 등 살아가면서 필수적으로 겪게 되는 각종 금전적 이벤트와 노후 자금을 생각하면 답답한 수치가 아닐 수 없다. 지금 여윳돈을 열심히 모은다고 해도 이 모든 이벤트에 대비하며 인간다운 삶을 살기에는 턱없이 부족한 것이다.

필자는 10년 정도 재무설계 회사에서 근무를 했는데, 고객과 만나 재무설계를 하거나 사원들을 교육할 때에 가장 고민이 되고 어려웠던 점이 바로 이것이었다. 단기 상품인 적금과 예금부터 중기 상품인 펀드, 장기 상품인 연금까지, 고객의 사정에 맞게 포트폴리오를 만들어줄 수는 있지만 금융상품에 가입하는 것만으로는 현재든 미래든 여유로운 생활을 보장할 수 없다는 것이다.

금융상품의 한계는 명백하다. 대부분의 금융상품은 원금의 안정성을 지키는 대신 수익을 포기해야 한다. 물가상승률에도 못 미치는 이자를 지급하는 금융상품에 가입하는 경우 실질적으로는 손해를 보는 것이나 마찬가지다. 그나마 금융회사에서 판매하는 펀드는 원금 손실을 감수하는 대신 높은 수익을 노리는 투자에 속하지만, 수수료가 2~3%에 달해 그 자체만으로도 수익을 갉아먹는 역할을 한다.

투자를 권하는 이유

안정적으로 돈을 모으면서 조금이라도 수익률을 높이고자 하는 사람들은 상장지수펀드ETF와 같은 투자상품에 불입하기도 한다. ETF란 주식처럼 거래가 가능하고 특정 주가지수의 움직임에 따라 수익률이 결정되는 펀드인데, 전문가들을 통해 간접적으로 투자하는 펀드의 장점은 살리면서도 수수료는 일반 펀드의 10% 정도밖에 되지 않아 많은 이들이 선호한다.

그러나 금융회사에서 만든 펀드나 ETF와 같은 상품도 경제적 자유를 얻기 위한 답은 아니다. 기본적으로 수익을 추구하기는 하지만 자신이 직접 모든 것을 통제할 수 없다는 한계가 존재하기 때문이다. 전문가가 대신 투자를 해준다는 장점도 길게 보면 단점이 된다. 수익이 나든 손해가 나든 직접 투자를 하고 경험을 쌓아야 능력도 키울 수 있다. 시행착오를 하는 동안에는 조금 답답하고 불안할지 몰라도,

꾸준히 쌓은 투자 실력은 결국 금융상품 이상의 수익으로 돌아온다. 이런 점이 바로 투자를 권하는 이유다.

인생의 금전적 이벤트를 조금이라도 더 풍요롭게 치르고자 한다면 직접 투자해야 한다. 돈을 불리기보다 지키는 데 초점을 맞춘 금융상품만으로는 결코 부를 얻지 못한다.

불안에
돈을 소비하지 마라

소비는 근대에 들어 생긴 문화다. 산업혁명 이후 자본주의를 바탕으로 한 사회 구조가 급격히 발달하고 수요를 넘는 공급 과잉이 이뤄지면서 소비 문화가 탄생한 것이다. 기업은 사람들이 계속해서 새로운 물건을 구매하도록 만들기 위해 전략을 세우기 시작했다. 꼭 필요한 물건이 아니더라도 호기심을 자극하는 다양한 물건들을 개발하고 광고하여 소비자들이 구입하도록 유도했다.

재테크의 세계에도 소비 문화가 존재한다. 금융상품을 '소비'하도록 만드는 것이다. 이때 가장 많이 쓰는 방법은 공포 마케팅과 '나만' 마케팅이다. 공포 마케팅은 지금 당장 미래를 준비하지 않으면 나중에 고통스러운 상황을 맞이하게 된다고 겁을 주면서 소비를 부추기는 것이고, 나만 마케팅은 남들을 따라 하지 않으면 자기 혼자 뒤처질 것처럼 느끼게 해서 소비하도록 만드는 방법이다.

'가난하게 늙어 죽으면 어쩌지?'

공포 마케팅을 이용하는 대표적인 금융상품 중의 하나가 바로 연금이다. 노후에 가난하게 살고 싶지 않으면 지금부터 연금에 가입하여 미래를 준비해야 한다는 것이다. 하지만 연금 불입액을 과도하게 잡으면 오히려 당장의 생활이 어려워지고 자산을 불려나가는 데 더 많은 시간이 든다. 게다가 인플레이션을 감안하여 만기 때 수령할 연금을 실질가치로 환산해보면 막상 이익은 얼마 되지 않는다. 따라서 연금은 다양한 조건을 면밀하게 파악한 뒤에 신중하게 선택해야 한다.

　모 보험사에서 "남편이 죽은 뒤 보험설계사의 도움으로 생명보험금 10억 원을 받았다"라는 광고 카피로 유족들의 공포를 이용한 사례는 대표적이다. 배우자가 죽은 뒤 혼자 처량하게 살아가게 될 모습을 상상하게 만들어 공포심을 조장하는 것이다. 많은 이들이 이러한 불안감 때문에 종신보험에 가입한다. 하지만 2012년 금융감독원의 발표에 의하면 종신보험을 2년 이내에 해지하는 비율은 평균 43%에 이르고, 연금보험은 10년이 될 때까지 유지하는 비율이 49.7%밖에 안 된다고 한다. 순간의 공포심 때문에 덜컥 가입했다가 불입액을 감당하지 못해 중도 하차하는 것이다. 그에 따른 기회비용과 손실을 가입자가 모두 떠안아야 하는 것은 물론이다.

'소비'가 아닌 '투자'를 해라

지금 막 어느 금융사의 상담원으로부터 전화 한 통을 받았다고 가정해보자. 상담원은 은행 금리와는 비교도 되지 않을 정도로 수익률이 높고 비과세 혜택까지 받을 수 있는 상품이 있다고 설명한다. 자세히 듣다 보니 정말 이익이 될 것만 같다. 이럴 때 상담원은 마지막으로 결정적인 멘트를 날린다. "이미 수 많은 사람들이 가입했다"는 것이다. 어딘지 나만 좋은 것을 몰랐다는 착각이 들어서 덜컥 가입하고 만다.

많은 사람들이 남보다 뒤처지는 것을 두려워한다. 세상 모든 사람들이 하는데 자기만 하지 않으면 손해 보는 느낌이 들어 적금이든 보험이든 꼭 필요하지도 않으면서 일단 가입하고 보는 실수를 저지른다. 뒤처지지 않았다는 안도감을 얻기 위해 깊이 생각해보지도 않고 금융상품을 소비하는 것이다.

동양그룹의 기업어음CP에 투자한 사람들이 있다. 동양증권에서는 고금리로 투자자를 유혹했고, 정말 흔치 않은 기회인데 특별히 '당신만' 좋은 기회를 가지게 된 것이라고 설명했다. 고금리인 데다 믿을 수 있는 회사였기에 많은 이들이 가입했다. 그러나 2013년 10월 동양그룹의 모기업인 동양을 비롯한 5개 계열사가 법정관리에 들어갔고, 이자는 고사하고 원금이라도 회수하기를 애타게 기다리는 투자자들이 속출했다. 특별한 기회를 자신만 놓치게 될까봐 불안해서 선뜻 가입했다가 낭패를 본 것이다.

막연한 불안감에 금융상품을 소비해서는 안 된다. 그렇게 시작한 재테크는 오래가지 못하기에 그야말로 '소비'에 그치고 만다. 재테크는 수익을 내기 위한 기술이라는 사실을 잊지 말자.

2장

투자는 생존을
위한 전략이다

실수를 피하기 위한 가장 좋은 방법은
투자를 안 하는 것이다.
그러나 그것이야말로 가장 큰 실수이다.

피터 린치 Peter Lynch

누구도 당신의 미래를
책임지지 않는다

　최근 북유럽 지역이 각광을 받고 있다. 복지가 잘되어 있다는 점 때문이다. 북유럽의 높은 복지 수준을 보여주는 제도 중의 하나가 고용정책인데, 스웨덴, 노르웨이, 덴마크 등 일부 북유럽 국가에서는 실직자를 대상으로 실업급여를 지급하는 경우 직장을 다니면서 받았던 급여와 별 차이가 없는 금액을 지급한다. 물론 조건은 있다. 일정 기간 동안 직업을 찾기 위한 노력을 해야 하는 것이다. 그 기간 내에 취직을 하지 못하면 국가가 정해주는 곳에서 의무적으로 근무해야 한다.

　우리나라도 실업급여 제도를 마련해 재취업을 돕고 있지만 북유럽의 복지와는 차이가 있다. 우리는 취업을 전적으로 개인의 선택에 따른 문제로 바라보지만, 북유럽 국가들은 구체적인 대안을 제시하고 직업을 가질 수 있는 기회를 선사한다. 새로운 직장을 다니기 전까지 생활할 수 있는 비용과 함께 취업의 기회도 제공하는 것이다. 우리처럼 정해진 기간 동안 실업급여를 지급하기만 할 뿐 결국 개인이 모든 것을 알아서 해야 하는 것이 아니다.

　복지 수준의 차이는 주거 문제에서도 나타난다. 의식주 중의 하나인 주거 문제는 사람이 살아가는 데 있어서 필수적인 요소이건만, 우리나라는 이 역시도 대체로 개인에게 맡긴다. 반면에 북유럽 국가들은 성인이 되어 독립을 하면 정부에서 1인당 6~7평 정도의 거주 공간을 가구원 수에 따라 마련해준다. 혼자 살 때는 1인 가구용 거주 공간을, 결혼을 하면 2인 가구용 거주공간을, 아이가 태어나면 구성원에 맞게 또 다시 새로운 거주 공간을 마련해주는 식이다. 물론 실업급여와 마찬가지로 모든 국민에게 무조건적으로 제공하는 것은 아니다. 민간 임대주택에서 살 능력이 되지 않을 경우에만 지원한다.

경제 안전망을 개인이 만드는 나라

북유럽 국가들처럼 복지 제도를 통해 사회 안전망을 단단히 구축해놓은 경우에는 개인이 갑작스럽게 경제적인 위기를 겪고 빈민층으로 하락한다고 해도 생존에 위협을 느끼지 않고 살 수 있다. 기본적으로 '인간다운 생활'이 보장되는 것이다. 국가는 이들이 위기를 딛고 다시 일어나 새 출발을 할 수 있도록 다양한 지원을 한다.

　하지만 복지 수준이 낮은 우리나라에서는 경제적으로 한 번 추락하기 시작하면 끝없는 나락으로 떨어진다. 최소한의 지원은 받을 수 있지만 매우 열악한 조건에서 살아가야 한다. 그렇게 빈민층이 되면 부를 이루기는커녕 경제적인 어려움을 극복한다는 것 자체가 힘들어지고, 설사 극복한다고 해도 굉장한 노력과 시간이 걸린다.

이처럼 복지가 제대로 갖춰져 있지 않기에, 갑작스러운 위기로 삶의 질이 떨어지는 사태를 막으려면 각 개인이 알아서 대비해야 한다. 당장의 삶은 물론이고 언젠가 경제적인 위기 상황이 닥쳤을 때 끝없는 추락을 막아줄 여윳돈, '경제 안전망'까지 스스로 마련해야 하는 것이다.

그런데 저축만으로는 여윳돈을 만들기가 쉽지 않다. 다양한 소비 욕구들을 참고 여유로운 삶을 포기하면서 돈을 모아야 하기 때문이다. 현재를 포기하지 않으면서 여윳돈까지 마련하려면 어떻게 해야 할까? 재테크를 '투자'에 집중해야 한다. 저축할 돈과 시간을 투자에 집중시켜 매달 정기적으로 돈이 들어오는 수익 구조를 만들어야 한다. 당장은 가진 돈이 많지 않더라도 끈기를 가지고 꾸준히 투자한다면 적은 돈으로도 수익이 들어오는 구조를 마련할 수 있다.

물론 특별히 투자를 하지 않아도 경제 안전망을 구축하는 데 지장이 없는 사람들도 있다. 사업을 하는 사람이라면 자신의 사업을 잘하는 것 자체가 투자가 될 수 있고, 많은 연봉을 받는 대기업 사원 역시 일을 더 열심히 해서 연봉을 올리는 것이 투자를 하는 것보다 나을 수도 있다. 경우에 따라서는 가진 돈을 은행에 넣어 두고 까먹지만 않아도 훌륭한 투자가 될 수 있다.

하지만 대다수의 사람들은 금전적으로 여유롭지 않다. 얼마 되지 않는 월급으로 쪼들리게 생활하기에, 여윳돈을 마련한다는 것은 꿈도 못 꾼다. 이런 환경에서 투자는 선택이 아닌 필수가 된다. 더 많은 부를 얻으려는 욕심에서 기인한 투자가 아니라, 삶의 질을 '유지'하기 위한 생존 전략이 되는 것이다. 씁쓸하지만, 더 나은 현재와 미래를 만들기 위해서는 인정할 수밖에 없는 현실이다.

투자를 통해 배운 지식은
돈, 그 이상이다

투자는 자신의 일상과 관계없다고 생각하는 사람들이 있다. 그러나 이는 투자라는 것이 자신의 삶에 어떤 영향도 미치지 못할 것이라고 생각한 데서 나온 잘못된 판단이다. 투자와 관련된 지식은 생각보다 훨씬 더 우리의 실생활과 밀접하게 연결되어 있다.

서울의 전세대란을 감당할 여력이 안 되었던 필자의 지인 A는 눈물을 머금고 서울을 벗어나 인천 지역의 아파트에서 보증금 2500만 원에 월세를 50만 원씩 주고 살게 되었다. 등기부등본에 은행 대출이 있었지만, 보증금 7500만 원 이하의 주택인 경우 주택임대차보호법에 따라 소액 임차보증금 보호 대상에 포함되어 2500만 원까지는 최우선 변제를 받을 수 있기에, 혹시 경매로 집이 넘어간다고 해도 A는 보증금 전액을 받을 수 있어 안심했다.

그런데 어느 날, 집주인이 이자를 내지 못해 결국 부동산 경매가 진행되었고, A는 청천벽력과도 같은 이야기를 들었다. 보증금 2500만 원 전액을 받을 수는 없다는 것이다. 최우선 변제 2500만 원은 서울 기준이고, 인천은 2200만 원까지밖에 못 받는다고 했다. A는 300만 원이나 받지 못 하게 되었지만 2200만 원이라도 받을 수 있다는 사실에 위안을 삼았다.

하지만 법원을 통해 보증금을 받던 날 다시 한 번 대성통곡할 일이 발생했다. 인천 기준으로 2200만 원까지 보증금을 받는 것은 맞지만, 집주인과 계약한 날짜를 기준으로 하는 것이 아니라 등기부등본에 찍혀 있는 대출받은 날짜가 기준이라는 것이다. 집주인이 대출받은 2010년 1월 1일 기준으로는 최우선 변제가 2000만 원밖에 되지 않기에 A는 무려 500만 원이나 되는 피 같은 돈을 날리게 되었다.

이와 같은 일은 지금도 부동산 경매가 진행되는 법정에서 수시로 벌어지고 있다. A가 부동산 경매 투자를 배웠다면 보증금을 500만 원이나 잃는 어처구니없는 상황은 발생하지 않았을 것이다. 꼼꼼하게 알아보고 자신의 상황에 맞는 조치를 취한 후에 입주했을 것이다. 이렇듯 투자 지식은 돈을 불리는 역할 외에도 우리의 삶에 다양하게 기여한다.

삶의 무기로 활용하라

이런 일도 있었다. 필자가 전세로 사는 단독주택의 집주인이 어느 날 연락을 해왔다. 자신이 직접 들어와 살려고 하는데 집을 빼줄 수 없겠냐는 것이었다. 전세 만기가 되지 않은 데다가 곧 재개발이 들어가는 곳이어서 도시및주거환경정비법에 따라 이주비로 1000만 원 이상을 받을 수 있었기에 이사비로 500만 원을 주면 생각해보겠다고 했더니, 일단 알겠다고만 하고는 더 이상 연락을 해오지 않았다.

한참이 지난 뒤에 다시 집주인에게서 연락이 왔다. 자신이 임대차 계약서를 잃어버렸는데 은행에서 대출을 받아야 하니 복사본을 보내 달라고 했다. 필자가 전세로 들어갈 때 대출금이 약간 걸려 있었는데 이번에 그걸 갚으면서 대출을 받는다고 했다.

전입신고로 기본적인 대항력만 갖춘 상태였던 필자는 이 일로 막강한 권력을 가진 임차인이 되었다. 만일 필자가 이 집을 나가면 집에 상당한 금액의 대출이 걸려 있기 때문에 새로운 전세 임차인에게 세를 놓을 수도 없게 되고, 월세로 돌리고 싶어도 이미 대출을 통해 많은 금액을 써버린 데다 필자에게 전세보증금도 줘야 하기에 월세 세입자도 구하지 못하게 된다. 재개발, 재건축 바람이 끝난 뒤라 주택 시세가 많이 떨어져 예전처럼 많은 금액을 대출받을 수도 없는 상황이었다.

덕분에 필자는 텃밭이 있는 서울의 단독주택에서 아주 저렴한 전세보증금으로 몇 년째 살고 있다. 집주인은 필자가 이사 간다고 할까 봐 보증금을 올려 달라는 말도 차마 못하고 있다. 부동산 투자 공부를 한 덕에 재개발 시 세입자는 이주비에 해당하는 보상금을 받을 수 있고, 말소기준등기보다 앞서 부동산 경매가 진행되어도 보증금 전액을 무조건 받을 수 있다는 사실을 알게 되었다.

투자를 통해 배운 지식은 살면서 겪게 되는 다양한 경제적 상황에 침착하게 대처할 수 있도록 도와준다. 나아가 투자는 자산을 불린다는 단순한 의미를 넘어 세상을 바라보는 시선을 바꿔준다. 사회가 돌아가는 시스템과 세상사의 이면을 읽어내는 데 큰 역할을 하는 것이다. 투자 지식이 삶을 바꾼다.

공부와 실천을 병행하며
경험을 쌓아라

금융지식이 많은 사람은 자산도 많을까? 금융지식이 많은 것으로 따지면 금융사의 이코노미스트들을 따라갈 수 없을 것이다. 금융 관련 분야의 교수들도 마찬가지이다. 그러나 이들 모두가 막대한 자산을 가지고 있는 것은 아니다. 금융기관이나 각종 경제전문지에서 발표하는 세계의 부자 순위 중 최소 100위권 내에서는 이들을 본 적이 없다. 그 누구보다도 금융지식이 뛰어난데 이들이 부자 순위에 오르지 못한 이유는 무엇일까?

금융지식이 많다는 것은 투자의 세계에서 굉장한 장점이 되지만, 부를 얻기 위한 필수조건은 아니다. 금융지식이 실질적인 이익으로 연결되지 못하는 사례는 무척 많다. 그럼에도 불구하고 투자를 하겠다면서 끝없이 금융지식만 쌓는 사람들이 있다. 전형적인 경우를 살펴보자.

금융지식만 많이 쌓으면 높은 수익을 낼 수 있다고 확신하는 A는 적금을 들기 위해 가장 높은 이자를 지급하는 곳을 찾아 헤맨다. 그러다 일반 은행보다 저축은행이 훨씬 더 많은 이자를 지급한다는 것을 알게 되고, 은행의 안전성을 확인하기 위해 88클럽에 해당하는지 살펴본다. 88클럽이란 국제결제은행BIS 기준으로 자기자본 비율이 8% 이상, 여신(부실채권) 비율이 8% 미만인 은행을 뜻하는 것으로, 이 기준에 충족되는 은행이라면 안전하다고 볼 수 있다.

별다른 문제가 없는 것으로 보여 안심한 A는 예금자보호법에 의해 1인당 5000만 원까지는 보장이 된다는 말에 솔깃한다. 강남에 있는 저축은행 중 한 곳으로 직접 가서 상대적으로 고금리의 적금에 가입한다. 금융지식을 쌓으니 역시 남들보다 더 많은 이익이 나는 듯하여 가슴이 뿌듯하다.

하지만 결국 사단이 난다. 저축은행은 프로젝트 파이낸싱PF 대출(사업주의 신용이나 물적 담보가 아니라 특정 프로젝트의 수익성을 평가하여 돈을 빌려주는 것)로 부실이 급격하게 늘어나 거래 정지에 영업 정지까지 받게 된다. 뿐만 아니라 적금에 가입할 때 고금리에 혹해서 가입한 후순위 채권 1000만 원까지 함께 늪으로 빠져버린다. 그나마 적금은 조금 늦더라도 5000만 원 한도까지는 받을 수 있지만, 후순위 채권으로 가입한 1000만 원은 회수할 방법이 막막하다. PF 대출을 통해 빠져나간 돈이 온전히 회수될 수 있는지를 확인하지 않았던 A는 결국 크게 손해를 본다. 금융지식만 믿고 저축은행을 과대평가한 탓에 손실을 입은 것이다.

투자에서 진짜 중요한 것

또 다른 경우를 보자. 재테크 좀 한다고 하는 B는 물가상승률도 따라가지 못하는 은행 적금보다는 펀드로 수익을 보기 위해 펀드와 관련된 금융지식으로 무장한다. 일단 안정적인 수익률을 보장받기 위해 표준편차가 적은 펀드를 고른다. 그중에서도 위험자산에 투자하고 얻은 초과수익의 정도를 나타내는 지표인 샤프지수가 높은 펀드를 골라 최대한의 수익을 노린다. 마지막으로 시장에 얼마나 민감하게 반응하는지를 보여주는 지표인 베타지수가 낮은 펀드를 선택해 수익이 널뛰기하지 않도록 한다.

이렇게 표준편차, 샤프지수, 베타지수를 근거로 펀드를 추천받아 가입한다. 하지만 최대한의 금융지식을 활용했음에도 불구하고 수익률은 생각만큼 나오지 않는다. 펀드 평균수익률에도 미치지 못할 때가 많고 높은 수익을 내는 펀드에 비해 늘 부족하다. 분명히 알고 있는 모든 금융지식을 총동원하여 조사하고 가입한 펀드인데 현실은 다르다.

1977년부터 13년간 미국의 대형 자산운용사 피델리티인베스트먼트Fidelity Investment에서 마젤란 펀드를 운영한 피터 린치Peter Lynch는 운영기간 동안 연평균 수익률 29.2%라는 놀라운 기록을 남겼지만 단 한 번도 올해의 펀드에 선정된 적이 없고, 이상적인 표준편차, 샤프지수, 베타지수에 완벽하게 부합된 적도 없다. 오히려 어긋난 적이 훨씬 더 많았다. 왜 이런 일이 일어날까?

다른 펀드들의 평균 수익률이 5%일 때 10%의 수익을 내고 평균 손실률이 -5%일 때 0%의 손실을 내는 펀드라면, 앞서 언급한 지수로 따졌을 때 펀드평가회사에서 제시하는 이상적인 기준에서 벗어난 펀드로 보인다. 평균적인 펀드 수익률보다 더 높은 수익을 기록하고도 지수상으로는 추천하지 못할 펀드가 되는 것이다. 이처럼 이론적인 금융지식은 실제 투자와 괴리되는 부분이 많다.

투자의 세계에는 자신은 모르는 것이 너무 많다며 금융지식과 관련해 각종 강의를 들으러 다니고 책을 읽고 열심히 공부만 하는 사람들이 많다. 더 배우고 더 알아야만 투자를 할 수 있다고 생각해서 시작도 못 하는 것이다. 그러나 지식의 세계로 빠져들면 끝이 없다. 아무리 공부해도 모르는 것투성이일 수밖에 없다. 신기술은 계속 나오는데 계속 공부만 하면 언제 무슨 수로 투자를 한단 말인가.

투자에서 중요한 것은 직접 투자를 하며 몸으로 부딪쳐 경험을 쌓는 것이다. 금융지식이 조금 부족하더라도 워밍업을 한다는 생각으로 실전 투자를 병행해야 시장을 보는 눈도 생기고 투자의 감도 잡힌다. 오히려 직접 투자를 하면서 공부를 해야 자신에게 진짜 필요한 지식이 무엇인지도 깨달을 수 있다. 그리고 그렇게 쌓은 금융지식이야말로 실전에서 제대로 활용된다. 생생한 경험과 함께 빛을 발하는 것이다.

물론 투자에 대한 기본적인 개념도 공부하지 않고 아무것도 모르는 상태에서 무턱대고 투자를 시작하는 것은 문제가 있다. 그러나 기초를 충분히 다진 뒤에도 끝없는 지식의 바다에서 헤엄치느라 정작 투자를 하지 못한다면 그것도 문제다. 지식을 완벽하게 쌓고 나서 시작하겠다는 마음은 실패를 두려워하는 마음만 더 키운다.

또 다른 부작용도 있다. 지식을 충분히 쌓았다고 판단한 뒤에 투자를 할 경우 자신은 공부를 열심히 했으니 절대 실패하지 않을 것이라는 오만한 생각에 무리한 투자를 하게 될 위험이 있다. 실전 투자에는 언제나 예상치 못한 변수가 존재한다. 지식만으로는 해결되지 않는 문제가 있는 것이다.

거시적인 관점에서 시장을 읽고 투자처의 가치를 제대로 파악하여 투자 수익률을 높이는 능력은 금융지식만으로는 키울 수 없다. 투자의 개념과 원리에 대한 기본적인 공부를 끝낸 다음에는 경험과 공부를 병행해야 실력도, 지식도 크게 는다.

돈 잘 버는 사람이
투자도 잘한다

　워런 버핏Warren E. Buffett은 '스노볼'로 유명하다. 스노볼Snowball
은 눈뭉치라는 뜻인데, 언덕 위에서 아래로 눈을 굴려 눈덩이를 커지
게 하듯이 돈을 굴려 크게 불린다는 의미를 담고 있다. 그는 자신은
그저 계속 눈을 굴리기만 했을 뿐이라고 겸손하게 이야기한다.

　투자를 시작한 대부분의 사람들은 워런 버핏처럼 돈을 굴려 당장
큰 성과를 얻고자 한다. 하지만 그들이 잊은 것이 있다. 워런 버핏이
처음부터 돈을 굴린 것은 아니라는 점이다. 그는 어린 시절 핀볼 게
임으로 사업을 하고 콜라를 팔며 돈을 벌었다. 어떻게 하면 더 많은
돈을 벌 수 있을지 계속해서 고민하고, 실천하고, 실수를 줄이면서
그 나이로서는 생각지도 못할 금액의 돈을 벌어들였다.

　돈을 굴리고 싶다면 돈을 벌 생각부터 해야 한다. 직장인은 직장에
서 어떻게 하면 성과를 더 올릴 수 있을지 고민해야 하고, 자영업자
는 고객을 한 명이라도 더 끌어들이기 위한 방법을, 프리랜서는 자신
의 능력을 어떻게 많은 사람들에게 알릴지를 고민하며 돈을 버는 것

이 우선이다. 현재 하는 일도 제대로 못하면서 돈을 굴리는 방법부터 고민하는 것은 우선순위에서 잘못되었다.

돈을 제대로 벌어보지 않으면 투자할 대상을 가려내는 안목도 키울 수가 없다. 장사로 돈을 벌어 본 사람만이 제대로 된 상가를 골라 투자할 수 있고, 자신의 업종에서 지식을 쌓은 사람만이 관련 분야의 기업들 중 미래에도 잘나갈 기업을 골라낼 수 있다. 돈을 굴리는 것은 돈을 벌면서 돈이 들어오고 나가는 시스템을 완전히 파악한 다음에 해도 결코 늦지 않다.

지금의 자리에서 무기를 만들어라

지인 중에 제약회사에서 영업을 하다가 부동산 경매의 전업투자자로 나선 사람이 있다. 한동안 주택에 투자했지만 큰 수익을 얻지 못해 고민하던 그는 제약 영업을 하면서 쌓아온 지식을 살려 상가에 투자하기 시작했다. 그는 경매로 나온 약국이나, 병원과 연계해 약국을 개업할 수 있는 상가 자리를 물색하고 다녔다. 영업을 하던 당시에 함께 일했던 동료들이 아직 회사에 남아 있어서 남들이 쉽게 알 수 없는 정보까지 확보했다. 그러던 중에 부동산 경매로 나온 한 상가에 대해 알게 되었다.

그 상가는 접근성이 떨어지는 3층에 있어서 가격이 많이 내려간 상태였다. 지인은 직접 상가에 가서 현장조사를 했다. 그리고 충분히 승산이 있다는 판단을 내렸다. 바로 위층과 옆자리에 병원이 있었던 것이다. 무엇보다도 그 건물에는 약국이 없었다. 그는 상가를 낙찰받은 뒤 제약회사에 있던 동료들에게 수소문하여 약국 개업을 준비하고 있는 약사를 소개받고 임대를 주었다. 제약 영업을 하면서 쌓은 지식과 경험, 인맥을 투자에 활용한 지인은 2013년 10월 현재 매월 150만 원 이상의 수익을 내고 있다.

현재의 직업에 충실하면서 해당 분야에 대한 지식을 쌓으면 남과는 다른 자신만의 무기가 생긴다. 그리고 돈에 대한 감각과 돈 버는 능력을 키울 수 있다. 돈을 굴리기 전에 돈을 어떻게 하면 잘 벌 수 있는지, 돈은 어떤 식으로 들어오고 나가는 것인지 그 구조를 파악해야 한다. 돈을 제대로 벌어봐야 제대로 된 '스노볼'도 만들 수 있다.

빚부터 갚고
시작하라

한국은행이 발표한 자료에 의하면 우리나라 국민은 2011년 말 기준으로 1인당 약 1800만 원의 빚을 지고 있으며, 1인당 연 100만 원 정도의 이자를 내고 있다. 결코 적지 않은 금액이다.

현대인 중에서 빚을 지지 않고 사는 사람은 드물다. 신용카드로 결제한 비용도, 자동차를 구입하면서 각종 대출 서비스를 이용한 것도 빚이다. 집을 구입하거나 전세보증금을 내기 위해 은행 대출을 받기도 하고, 생활이 어려워 마이너스 통장을 쓰거나 신용카드의 현금 서비스를 받기도 한다.

현재 빚이 있는 사람이라면, 당장 투자 계획을 세울 것이 아니라 빚부터 갚아야 한다. 어떠한 투자를 하더라도 마찬가지이다. 투자에 실패한 사람들의 이야기를 들어보면 예외 없이 '빚' 이야기를 한다. 억 단위의 큰돈을 갚지 못해 무너진 경우보다도 몇 십만 원, 몇 백만 원의 이자를 내지 못해 신용을 회복할 수 없는 상태에 이른 경우가 더 많다.

투자 수익은 불확실하다

아는 지인 A가 대학 등록금과 개인 사업 때문에 생긴 은행 빚이 2억 원 있고 현금은 5000만 원을 가지고 있는데 어떻게 하는 것이 좋겠느냐며 문의를 해왔다. 사업이 잘되어 매월 1000만 원 정도의 수익을 내고 있으므로 대출이자를 내는 데는 지장이 없고 몇 년 정도는 수입이 지속될 것이라고 말했다. 결국 현금 5000만 원으로 투자를 하고 싶다는 의미였다.

그러나 필자의 의견은 단호했다. 빚부터 갚으라는 것이었다. 보유한 현금으로 빚을 다 갚을 수 있는 것은 아니지만 그래도 그 돈으로 빚 일부를 갚으면 매월 내는 이자가 줄어든다는 사실을 상기시켰다. 그리고 다소 시간은 걸리더라도 빚을 모두 갚은 뒤에 투자를 시작해야 위험 부담을 덜 수 있다고 강조했다.

A는 처음에는 다소 불만스러운 반응을 보였지만 필자의 조언에 따라 가진 돈 모두를 대출 상환에 썼다. 이후에 그는 막상 돈을 갚으니 기분이 홀가분하고 매월 내는 이자가 줄어들어 생활의 여유도 생겼다고 털어놨다.

투자 수익은 불확실하지만 대출이자는 확실하다. 눈앞에 뻔히 빚이라는 확정비용이 발생하고 있는데 불확실한 투자 수익을 믿고 모험을 할 것인가? 투자를 하려면 투자에만 전념할 수 있는 돈을 먼저 준비해야 한다. 여기에도 쓰고 저기에도 써야 하는 성격의 돈이라면 일단 필요한 곳에 쓰는 것이 현명하다. 그렇게 한다고 손해를 보는 것도 아니다. 투자했다가 손해 보면 멀쩡한 돈이 사라지지만 그 돈으로 빚을 갚으면 순자산이 늘어난다.

빚이 있다면 여러 생각할 필요도 없이 일단 빚부터 갚아라. 빚으로 고생하고 있는 모든 사람들이 신신당부하는 이야기다.

투자의 세계에서
무임승차는 파멸뿐이다

많은 사람들이 누가 투자로 돈을 벌었다고 하면 부러워하면서도 그 사람이 얼마나 노력했을지에 대해서는 눈여겨보지 않는다. 오로지 결과에만 집착하며 노하우만 쏙쏙 뽑아 이용하려고 한다. 그러나 성공에 공짜는 없다. 별다른 노력도 없이 다른 사람의 판단에 기대어서 공짜로 얻은 이익은 결국 더 큰 실수와 실패를 부른다.

재테크 카페에 올라오는 글 중에는 환상적인 수익을 자랑하는 글들이 많다. 처음에는 반신반의하며 읽지만 글이 꾸준히 올라오면 점점 신뢰가 생긴다. 뭐라도 얻겠다는 생각에 댓글로 구체적인 사항을 문의하면 개인 메일이나 카페 주소를 알려주면서 개별적으로 연락하라고 유도한다. 그러나 좋게 마무리되는 경우는 극히 드물다.

주식 투자 카페에서는 많은 투자자들이 자신이 조사한 종목에 대한 투자보고서를 올려 사람들의 검토를 받는다. 이미 투자한 경우도 있고 투자하기 전에 혹시 문제는 없는지 확인할 목적으로 올리기도 하는데, 어떤 이들은 투자보고서만 보고 그 회사에 대해 잘 알지도 못하면서 무임승차를 하기도 한다. 그런데 이럴 경우 주가가 떨어지거나 올라도 제대로 대응하지 못하고 헤매게 된다. 그나마 오르면 희희낙락하지만 그런 운은 결코 지속되지 않는다.

과거에 필자가 겪은 일이다. 가치투자 카페에서는 특정 종목이 여러 사람들에게서 회자되는 경우가 있는데, 그런 종목 중에 셋톱박스를 판매하는 토필드라는 회사가 있었다. 여러 사람들이 토필드에 관한 투자보고서를 올렸고, 유럽에서 엄청난 성장세를 보이고 있으므로 수익이 지속될 것이라는 댓글이 수없이 달렸다. 이 글들을 본 필자는 직접 조사할 생각도 하지 않고 일단 '묻지마 투자'를 했다. 하지만 사람들이 올린 장미빛 투자보고서와 달리 회사의 상태는 좋지 않았고, 매출채권 회수 등 여러 가지 문제가 터져서 무려 50%나 손해를 봤다. 무임승차하려다가 돈만 잃은 것이다.

투자 수익, 노력 없이는 얻을 수 없다

예전과 달리 지금은 마음만 먹으면 재무설계나 투자에 관한 강의를 수시로 들을 수 있다. 각종 금융관련 단체, 온라인 카페, 신문사 등 다양한 창구를 통해 접할 수 있으며 무료로 제공하는 경우도 많다.

무료 강의 중에는 재무설계를 주제로 한 것이 특히 많은데, 재무설계 관련 협회에서 주최하는 강의는 대체로 신뢰할 만한 인물들이 강단에 서기 때문에 인기도 많다. 특별한 요구조건도 없어서 양질의 정보를 부담없이 들을 수 있다. 하지만 아쉽게도 이런 강의는 대부분

평일 오후 3~5시에 열리기 때문에 직장인들은 듣기가 어렵다.

가장 손쉽게 참여할 수 있는 무료 재무설계 강의는 재테크 카페를 통해 진행되는 것들인데, 특정 금융회사를 통해 1시간 정도의 시간을 할애해서 교육하는 경우가 많다. 잘 알지 못하는 분야에 대해 배울 수 있는 기회가 되지만, 금융상품을 판매하거나 개인정보를 얻을 목적으로 하는 경우가 많으므로 주의해야 한다.

필자는 서울시와 재무설계사 자격증을 주는 한국FP협회에서 주최한 강연에 참여한 적이 있는데, 상담만 하고 상품 가입은 철저히 못하게 했다. 어떤 상품을 추천하더라도 그 자리에서 가입하게 하는 것이 아니라 콜센터를 통해 각자 가입하도록 할 정도였다. 한국FP협회 같은 경우에는 자신들의 자격증을 알리고 재무설계를 널리 전파하기 위한 목적이 우선이라 그렇다.

재무설계와 달리 부동산 투자는 믿을 만한 무료 강의가 극히 드물다. 신문사에서 주최하는 강의는 그나마 공신력이 있는데, 신문 광고에 나온 부동산 강의와는 구별해서 봐야 한다. 신문에 광고를 했을 뿐이지 신문사와는 아무런 연관이 없기 때문이다. 이 사실을 모르고 무작정 믿었다가 낭패를 보는 경우가 많다.

재테크 카페에서 진행하는 부동산 투자 무료 강의도 있다. 대관료 정도의 금액만 받고 이론과 경험을 공유한다. 몇 번 모여 친목 도모가 되면 함께 현장조사를 간다. 그런데 대체로 수익이 날 물건을 보여주며 투자를 권한다. 이때도 설레는 마음에 덥석 수락했다가 사기를 당하는 경우가 많다.

주식 투자 강의는 주말마다 경제신문에 광고로 많이 나온다. 그러나 막상 가보면 거의 예외 없이 간단한 설명을 한 뒤에 자신의 투자 수익률이나 투자에 성공한 종목을 보여주면서 유료로 종목을 선정해주겠다고 이야기한다. 자신의 고객 유치가 목적인 것이다.

차라리 돈이 좀 들더라도 제대로 된 유료 강의를 듣고 지식을 쌓은 뒤에 무료 강의에 참여하는 것이 훨씬 낫다. 유료 강의에 들어간 몇 십만 원이 결국 소중한 자산을 지켜주는 발판이 된다.

각종 재테크 카페에서 '고수'라고 불리는 이들의 이야기만 믿고 투자했다가 뒤통수를 맞고 투자의 세계에서 사라진 사람들이 많다. 쉽게 묻어가려는 욕심이 파국을 부른 것이다. 투자의 세계에서 오랫동안 살아남고자 한다면 그만한 노력을 해야 한다. 무임승차의 끝은 파멸뿐이다.

원칙을 깨면
투자도 깨진다

　투자하는 사람들이 가장 고민하는 것은 '투자가 생각처럼 되지 않는다는 것'이다. 시장은 투자자의 뜻과 상관없이 늘 변화하기 때문에 살아남기가 쉽지 않다. 이렇게 실패가 반복되다 보면 초조해지기 마련인데, 어떻게든 당장 돈을 벌어야 한다는 생각에 계속 빠져들다 보면 부정한 방법에도 혹하게 된다.

　실제로 많은 사람들이 양심을 팔고 비인간적인 행동까지 서슴지 않으면서 부당한 방법으로 부를 축적한다. 폰지 사기(다단계 금융사기)를 통해 사람들을 현혹해서 돈을 벌기도 하고, 기획 부동산에 속해 쓸모 없는 땅을 속여서 팔아먹기도 하고, 신약의 임상 발표가 날 것이라며 거짓된 소문을 퍼뜨려 시세차익을 얻기도 하고, 곗돈을 들고 도망가기도 한다. 부정한 방식으로 부를 축적한 재벌들을 향해 손가락질을 하면서도 자신에게만은 한없이 너그러워진다.

　원칙 없이 눈앞의 이익만 바라보는 투자를 하다 보면 자신도 모르게 편법과 꼼수와 탈세에 흔들린다. 그러나 당장은 손해인 것처럼 보여도 전체적인 그림을 보고 요모조모 따지면서 투자하는 것이 궁극적으로 더 높은 수익을 남긴다는 것을 명심하고, 자신만의 원칙에 따라 꿋꿋하게 투자를 해야 한다.

돈에 눈먼 투자의 최후

주식 투자 카페 중에는 유료회원을 모집하는 카페들이 있다. 이런 카페의 주인장은 대부분 책을 출판한 저자인 경우가 많은데, 500~1000만 원 정도의 자비출판으로 책을 내고 이를 경력 삼아 유료회원을 모집한다. 그리고 성공 사례를 카페 공지로 띄워 신규회원들이 볼 수 있게 만들어준다.

한 달에 10만 원 정도의 회비를 받고 일주일이나 한 달 단위로 몇몇 종목들을 공개하고 추천한다. 이들이 추천하는 종목은 시가총액이 얼마 되지 않는 경우가 대다수이다. 유료회원 중 100명 정도만 움직여도 한꺼번에 특정 종목만 며칠 동안 집중적으로 매수하면 주가가 뛴다. 카페의 주인장은 이것을 유도하는 것이다.

특별한 호재도 없고 기업 공시도 없는 상황에서 주가가 오르고 있다는 것이 의심스럽지만 차트투자를 하는 사람들이나 단기 이익을 추구하는 사람들은 아주 적은 차익이라도 보기 위해 뒤늦게 뛰어든다. 이렇게 주가를 일시에 올리고 나면 어느 정도 기간이 흐른 후에 카페에 공지해서 매도한다. 이는 지금도 몇몇 온라인 카페에서 여전히 하고 있는 투자 방법이다. 하지만 시장은 투자자의 뜻대로 움직이는 것이 아니기에 이런 방식은 지속적으로 통하지 않는다.

　돈의 힘에 의해 주가는 일시적으로 오를 수 있다. 하지만 이렇게 한번 돈맛을 본 투자자는 그 다음부터 더욱 과감한 시도를 하게 되어 무리한 상황을 만든다. 그리고 더 이상 전략이 먹히지 않는 순간 돌이킬 수 없는 나락으로 떨어지게 된다. 자신만의 원칙도 없이 오로지 돈만 벌려고 하는 투자자에게는 비참한 최후만이 기다리고 있을 뿐이다.

투기,
망하는 지름길이다

    투자와 투기의 구분은 쉽지 않다. 오죽하면 "내가 하면 로맨스, 남이 하면 불륜"이라는 표현에 빗대어 "내가 하면 투자, 남이 하면 투기"라는 말까지 할까. 어느 누구도 자신이 투기를 하고 있다고 생각하지 않는다. "당신은 투자를 하고 있습니까, 투기를 하고 있습니까?"라고 물어보면 백이면 백, 자신은 투기가 아닌 투자를 하고 있다고 답한다.

    투자에 대한 정의는 많지만 그중에서도 가장 대표적인 것은 가치투자의 실질적인 효시인 벤저민 그레이엄Benjamin Graham이 〈현명한 투자자〉(국일증권경제연구소, 2007)에서 서술한 "투자란 철저한 분석 하에 원금의 안전성과 적절한 수익을 보장하는 것이고 이러한 조건을 충족하지 못하는 행위는 투기이다"라는 정의이다. 하지만 "원금의 안전성"이라는 표현은 상당히 주관적으로 보인다. 원금을 얼마까지 잃지 않아야 하는가에 대한 의견이 다를 수 있기 때문이다. 누군가는 단 한 푼도 잃지 않아야 된다고 이야기할 수도 있고, 누군가는 원금의 10%까지는 잃어도 된다고 이야기할 수도 있다.

"적절한 수익"이라는 표현도 마찬가지이다. 도대체 얼마의 이익이 나야만 적절한 수익이라는 말인가? 연평균 15% 정도 수익이 목표라는 사람이 있는 반면, 연평균 8% 정도면 만족한다는 사람도 있다. 매년 50% 수익은 나야 투자를 하는 이유가 되지 않겠느냐며 반문할 수도 있다. "철저한 분석"에 대한 기준도 사람에 따라 다를 수 있다. 누가 뭐라 해도 나름대로 철저하게 분석한 것이라고 하면 끝이기 때문이다. 모든 기준은 자기 안에서 결정될 수밖에 없다.

그나마 대중적으로 인정받는 기준은 지속성이다. 어쩌다가 투자에 성공한 경우에는 쉽게 답하기 어렵지만, 지속적으로 성공하면 대부분 투자로 인정받는다. 워런 버핏은 40년이 넘는 시간 동안 지속적인 성공을 보여줬기에 많은 사람들로부터 투자자로 칭송받을 수 있었다. 물론 그럼에도 불구하고 그를 투기꾼으로 바라보는 사람들도 분명 있다.

하지만 지속성이라는 기준도 애매한 부분이 있다. 20세기 전반의 주식 시장을 주름잡았던 '월스트리트의 황제' 제시 리버모어Jesse L. Livermore의 경우 세계적인 투자은행인 JP모건을 굴복시킬 만큼 엄청난 재력을 모았지만, 결국에는 가진 돈의 대부분을 잃고 자살로 생을 마감한다. 가치 분석과 심리 분석을 동시에 병행한 그의 투자는 투자라고 할 수도, 투기라고 할 수도 있다.

투기로는 오래 살아남을 수 없다

결국 투자와 투기의 구분은 자기 스스로 투자의 원칙을 정하고 그에 따라 실천했느냐의 여부에 따라 나눌 수밖에 없다. 투자의 세계에서 오랫동안 살아남은 사람들은 엄청나게 분석을 잘하거나 운이 좋은 사람이 아니라 자신이 세운 원칙을 어떤 경우에도 무조건 지키는 사람이다. 아무리 실적이 좋아도 도박이나 술, 담배와 관련된 회사에는 절대 투자하지 않는다거나, 회사 대표가 비리를 저지르거나 사회적인 문제를 일으키면 투자를 하다가도 즉시 매도하는 등 자신만의 기준을 세운다. 아무리 철저하게 분석하고 투자했어도 10% 손실이 나면 무조건 매도하거나, 투자 종목은 최대 5개를 넘기지 않거나, 배당 수익률이 5% 미만이면 매도하는 등의 원칙을 정하기도 한다. 투자에 실패했을 때 그 원인을 곱씹어 보면 대부분의 경우 자신만의 원칙을 어겼기 때문이라는 결론에 도달하게 된다.

지금은 한라비스테온공조가 된 구 한라공조는 2012년 7월 5일 주당 2만 8500원에 공개매수를 하며 자진 상장폐지를 밝혔다. 이 소식에 주가가 급등하여 2만 8200원까지 올랐지만 단기간에 300원이라도 시세차익을 볼 수 있다는 생각에 한라공조에 대한 사전조사도 없이 사람들은 매수에 나섰다. 하지만 최대 주주인 비스테온의 의도와 달리 2대 주주인 국민연금의 반대로 결국 공개매수가 취소됐고, 주가는 2만 5000원까지 떨어졌다. 단기간 이익을 기대하며 투기를 했던 사람들은 최소 1주당 3000원의 손실을 보았다. 아무런 원칙 없이 투기를 한 결과였다.

그런데 더 큰 반전이 기다리고 있었다. 단기 투기자들이 손해를 보고 떠난 뒤에 회사는 탄탄한 운영을 통해 꾸준히 발전했다. 회사 자체의 본질은 변하지 않았기에 가능한 일이었다. 한라비스테온공조의 2013년 11월 11일 현재 주가는 4만 1000원이다.

투자든 투기든 돈만 벌면 된다고 생각하는 사람들이 있다. 하지만 분명한 것은 투기로는 지속적인 수익을 얻지 못한다는 사실이다. 스스로의 원칙에 따라 투자를 하다 보면 경험과 노하우가 쌓여 오히려 성공률을 높일 수 있다. 꾸준히 돈을 벌어 부자가 되고 싶은가? 그렇다면 '원칙 있는 투자'가 답이다.

티핑포인트는
반드시 온다

　투자를 하는 사람들의 궁극적인 목표, 즉 성공의 기준은 경제적 자유를 얻었느냐에 달려 있다. 하지만 대부분의 경우 경제적 자유를 얻는다고 하면 당장 아무것도 하지 않아도 평생 먹고사는 데 지장이 없는 수준을 바라기 때문에 금세 지치고 조바심을 내게 된다. 생활비까지 아껴가며 돈을 모으고 열심히 공부하면서 투자했건만 여전히 제자리걸음을 하고 있는 것 같아 자괴감이 든다. 과연 잘하고 있는 것인지, 투자를 해서 경제적 자유를 얻을 수 있기는 한 것인지 회의감도 든다.

　투자를 통해 성공한 사람들의 이야기를 들어보면 현금 기준으로 볼 때 1억 원까지 모으는 것이 제일 힘들었다는 말을 많이 한다. 하지만 여러 시행착오를 거치면서 1억이라는 돈을 한번 모으고 나면 그 다음부터는 돈을 제대로 굴릴 투자처도 보이기 시작하고 투자의 노하우도 쌓여서 전보다 수월하게 투자할 수 있다고 말한다. 여기서 중요한 것은 1억이라는 금액이 아니다. 그만큼 투자의 안목을 기르는 과정이 쌓여야 돈을 제대로 굴릴 수 있게 된다는 것이다.

티핑포인트라는 말이 있다. '균형이 유지되다가 한순간에 급격한 변화를 일으키는 지점'을 이르는 말이다. 투자에 있어서 티핑포인트는 5년이 될 수도 있고, 10년이 될 수도 있다. 일단 티핑포인트를 지나면 자산이 급격하게 늘고 투자 실력도 향상되지만, 대부분의 경우 티핑포인트를 넘기기 전에 인내심의 한계를 느끼고 희망의 끈을 놓아버린다. 장기투자를 하겠다고 마음먹고도 중도에 포기하게 되는 가장 결정적인 이유이다.

영광의 기억은 빨리 잊어라

물론 티핑포인트를 지났다고 해서 성공이라고 생각하고 안심해서도 안 된다. 성공은 그렇게 확실하고 분명하게 손에 잡히는 것이 아니다. 성공했다고 생각하는 순간 교만이 찾아오고, 투자에 대해 모든 것을 알았다고 자만하는 순간 성공이라는 환상은 눈 깜짝할 사이에 사라지고 만다.

투자로 성공했다고 이야기하는 사람들을 조심하라. 성공했다는 환상에 젖어 자신을 제대로 바라보지 못하는 사람이기 때문이다. 투자는 매일 새롭게 전개되는 상황에 적응해서 살아남아야 하는 고도의 작업이다. 이러한 투자의 세계에서 영광의 기억은 버리는 것이 좋다. 수많은 사람들에게 칭송받고 부러움을 사던 투자의 절대 고수도 하루아침에 전 재산을 날리는 일이 허다하다.

궁극적으로 이루고자 하는 목표만 바라보며 투자를 하는 사람은 반드시 지치게 되어 있다. 조급해하는 마음은 바로 눈에 보이는 성공을 기대하게 하고, 성급한 판단으로 인한 실패를 부른다. 일정 목표를 이뤘다 하더라도 작은 성공에 도취되어 지금까지 경험한 시행착오의 과정을 잊는다면 다시 원점이 된다. 꾸준히 투자하며 경험과 실력을 쌓아가는 그 과정 자체를 견디는 것이 중요하다. 언제까지 포기만 할 수는 없지 않은가.

3장

후천적 부자가
되는 법

끈기와 결단력만 있으면 못할 일이 없다.

워런 버핏 Warren E. Buffett

농사 짓듯이
시간에 투자하라

웹 서핑을 하다가 우연히 투자로 성공한 사람의 기사를 읽는다. 투자는 자신과 상관없는 분야라고 생각했지만 막상 기사를 읽어보니 한번 해볼까 하는 마음이 든다. 관련된 책을 보니 투자 사례가 구체적으로 나열되어 있어 나도 할 수 있겠다는 자신감이 생긴다. 나라고 못할쏘냐, 하는 마음으로 일단 투자를 시작한다. 하지만 수익이 나지 않는다. 책에 나온 대로 했는데 왜 나는 안 되는 것이냐며 불평을 한다. 역시 투자는 힘든 것이라고 한탄하며 서서히 투자에 대해 잊게 된다.

많은 사람들이 경험했다고 고백하는 투자 실천 사례이다. 대개 잘 모르는 상태에서 섣불리 시작했다가 손해만 보고 포기한다. 이때 실패한 사람들이 잊은 것은 세 가지이다. 첫째, 사람들이 부러워할 만큼 높은 투자 수익률을 내서 책을 쓰거나 신문에 인터뷰를 한 사람들은 자기만의 시간을 따로 내기가 어려운 평범한 직장인이 아니라는 사실이다. 높은 수익률을 냈다는 점과 상당한 자산을 보유하고 있다는 것에만 집중하느라 많은 사람들이 이 중요한 정보를 간과한다. 직장을 다니면서 짬짬이 시간을 내서 하는 투자와 전업투자는 다를 수밖에 없는데도 불구하고 '나도 저 사람처럼 될 수 있다'는 착각에 빠진다.

둘째, 시간을 아껴 투자를 한다고 해도 결코 하루아침에 부를 이룰 수는 없다는 것이다. 자고 일어났더니 스타가 되었다는 말은 있어도 자고 일어났더니 투자로 일확천금을 얻었다는 사람은 단 한 명도 본 적이 없다. 아무리 날고 긴다고 해도 투자를 통해서는 단번에 부를 이룰 수 없다.

셋째, 우리나라가 고도성장기를 지나 저성장 국면에 들어갔기에 높은 수익률을 내기가 힘들어졌다는 것이다. 과거 우리나라는 1970년대부터 1980년대까지 연평균 9%대의 경제성장률을 기록했다. 1990년대까지도 7.2%로 높은 경제성장률을 보여주었지만, 그 이후로 계속 하락하여 2000년대에는 4.6%를, 2012년에는 2.0%의 경제성장률을 기록했다.

고도성장기에는 자산을 보유하고 있는 것만으로도 자산 가격이 상승하거나 짧은 기간 동안에도 경제성장률만큼 수익률이 나오는 경우가 흔했다. 그러나 지금은 2~3%의 경제성장률을 보여주는 선진국들의 경우처럼 느린 듯하지만 꾸준히 수익을 내는 투자가 훨씬 더 가치 있는 시대로 접어들게 되었다.

끈기 있는 투자로 부자가 된 사람들

앞서 살펴본 세 가지는 투자를 천천히, 끈기 있게 해야 하는 이유이기도 하다. 전업투자자가 아닌 일반 개인은 투자할 시간이 부족한 데다 투자로 성공하기까지는 오랜 시간이 걸린다. 게다가 우리나라 경제가 저성장 국면에 들어갔기에 기간을 길게 보고 투자해야 성공률을 높일 수 있는 것이다.

'잃어버린 10년'을 넘어 '잃어버린 20년'이라는 표현까지 쓰고 있는 일본은 1990년을 전후하여 주식 시장과 부동산 시장이 폭락에 폭락을 거듭하였다. '재테크'라는 개념은 본래 일본에서 넘어온 것이지만, 이제는 투자 시장이 폭락할 대로 폭락하여 '재테크'가 '투기'로 정의되고 있는 실정이다. 주식과 부동산 가격이 반 토막 난 데다 연평균 경제성장률이 1% 내외에 금리는 1%도 안 되는 상황인 만큼, 대부분의 사람들은 이자는 생각지도 못하고 원금이라도 지키자며 돈을 은행에 넣고 있다.

그런데 이런 상황에서도 투자로 돈을 번 사람이 있다. 1999년 일본 최초의 독립계 투자신탁회사 사와카미투자신탁을 설립한 뒤 특별한 영업이나 판매 활동도 없이 오로지 입소문만으로 사람들의 자금을 모으고 있는 사와카미 펀드의 사와카미 아쓰토澤上篤人가 바로 그 장본인이다. 사람들이 사와카미 펀드에 돈을 불입하는 이유는 단 하나, 수익을 꾸준히 내고 있다는 점 때문이다. 장기간 불황이 지속되는 상황에서 사와카미 펀드는 처음 10년간 적자를 냈지만, 그래도 무너지지 않고 꾸준히 운용성과를 올렸다.

160억 엔으로 시작한 사와카미투자신탁의 자금 운용 규모는 14년 만에 3100억 엔(약 3조 5000억 원)으로 불어났고, 54%의 수익률을 올렸다. 1%의 경제성장률을 기록하고 있던 일본의 경제 상황상 짧은 시간 안에 높은 수익을 내는 투자는 할 수도 없었던 데다가, 투자를 싫어하는 보수적인 국민 정서로 인해 투자금이 몰리지도 않는 상황에서 이뤄낸 엄청난 실적이다.

농작물을 재배하고 결실을 얻기까지는 반드시 시간이 필요하다. 조급해한다고 해서 달라지는 것은 없다. 투자도 농사와 다를 바 없다. 사와카미 아쓰토는 '농경형 장기투자법'을 통해 투자도 농사 짓듯이 하라고 권한다. 봄에 파종하고 가을에 추수할 때까지 기다리는 것이다.

'주식농부'로 알려진 박영옥 스마트인컴 대표는 국내에서 가장 유명한 '슈퍼개미' 중 한 명이다. 개인 투자자가 상장기업의 대주주로 등재된다는 것 자체가 엄청난 성공이라고 볼 수 있는데, 그는 한 군데도 아니고 태평양물산, 대동공업, 참좋은레져, 에스피지, 와토스 코리아, 조광피혁, 이글루시큐리티 등 여러 상장기업의 대주주로 등재되거나 등재되었던 입지전적인 인물이다.

이런 그가 슈퍼개미가 될 수 있었던 것도 끈기 있게 투자한 덕이었다. 농부는 좋은 씨앗을 골라 땅에 뿌린 뒤 거름을 주고, 장마를 지나 무더운 여름을 보내고, 농작물을 뿌리째 뽑는 태풍을 무사히 견뎌내도록 관리하여, 가을에 풍성한 수확을 거둔다. 투자 역시 씨앗을 뿌린 뒤에 한참을 기다려야 열매를 얻을 수 있는 농작물과 같다. 5000

만 원으로 투자를 시작한 박영옥 대표는 이런 자세로 투자를 해서 10년 만에 슈퍼개미가 되었다. 그는 2013년 10월 현재 1000억 원대의 자산을 운용하고 있다.

사와카미 아쓰토, 박영옥 같은 전문 투자자가 되기란 쉽지 않지만 꾸준히 수익을 내는 투자는 생업에 종사하면서도 얼마든지 할 수 있다. 충분한 시간을 가지고 투자를 한다면 파종한 씨앗은 시간이 갈수록 점점 튼튼한 줄기를 뽑아내어 풍성한 열매를 맺을 것이다.

열정보다 꾸준함이
수익률을 높인다

성공의 비결로 가장 많이 언급되는 단어 중 하나가 바로 '열정'이다. 특히 사회에서 우두머리에 속한 사람들이 사랑하는 단어이기도 하다. 흔히 이들은 열정만 있다면 못 할 것이 없다고 말한다. 일을 제대로 못하거나 열심히 하지 않는 사람에게는 열정을 가지라며 다그치기도 한다. 그런 정신으로는 절대 성공할 수 없다는 말도 서슴지 않는다.

하지만 진정으로 성공한 사람들에게서 공통적으로 드러나는 요소는 열정이 아니라 꾸준함이다. 오히려 우리가 기대하는 열정적인 모습은 두드러지게 나타나지 않는 경우가 많다. 열정으로 똘똘 뭉쳐 사람들을 괴롭히지도 않고 자신의 모든 것을 불사르지도 않는다. 그저 자신이 정한 목표를 향해 뚜벅뚜벅 한 걸음씩, 조금 더디더라도 올곧게 간다.

투자도 이와 같다. 투자를 처음 시작하는 사람들은 지금까지 알지 못했던 것을 알았다는 기대감에 들뜬다. 당장이라도 많은 돈을 벌 수 있을 것만 같아 벌써부터 뿌듯해진다. 많은 돈을 벌었다는 사람들의 투자법을 찾아다니며 공부하는 데 밤을 새고, 따라 해보려고 애쓴다. 조금씩 이익이 나면 성공에 대한 희망은 점점 더 부풀어오른다. 막상 공부를 하니 투자가 어렵지 않게 느껴진다. 이제 곧 부자가 될 것 같고 투자의 귀재가 되는 것은 시간 문제로 보인다.

그러나 이러한 감정은 오래가지 않는다. 기대치만큼 수익률이 받쳐주지 않거나 오히려 손해를 보게 되면 뜨거웠던 마음은 빠르게 식는다. 이때 '작심삼일作心三日'은 열정의 다른 말이 된다. 뜨거운 마음은 3일만 지나면 원래의 온도로 식는다.

열정이 가져오는 치명적인 실수

열정의 또 다른 부작용을 보자. 부동산 경매에 열정적이던 지인의 이야기다. 부동산 경매를 위해서는 필수적으로 현장조사를 해야만 한다. 그는 새벽 4시에 일어나 출근하기 전에 현장을 확인했고 퇴근할 때도 현장에 들렀다가 집으로 갔다. 주말에도 역시 관심 물건이 있으면 현장으로 달려갔다. 잠은 3~4시간 정도만 잤고 업무시간 외의 모든 시간을 부동산 경매에만 쏟았다. 이 친구는 3년 만에 먹고사는 데 어려움이 없을 정도의 경제적 자유를 얻었다.

하지만 얻는 것이 있으면 잃는 것도 있는 법. 문제는 이때부터 발생했다. 그는 경제적 자유를 얻었지만 소중한 식구와 건강을 잃었다. 주중이든 주말이든 시간만 나면 부동산 현장에 가고 입찰을 하러 다니던 그는 가족과 점점 데면데면해졌다. 처음에는 고마운 마음에 그저 이해해주던 부인도 계속 밖으로만 도는 남편에게서 마음이 떠났고 아이들은 아빠와의 시간을 어색해했다. 게다가 어느새 몸무게가 줄면서 건강도 나빠졌다. 이처럼 투자에 '올인'하다가 소중한 것을 잃게 된 사례는 주변에서 흔히 찾아볼 수 있다.

마젤란 펀드로 수익률 2700%, 연평균 수익률 29.2%를 올리며 월스트리트의 전설이 된 피터 린치는 마흔여섯 살 생일에 갑작스럽게 은퇴를 선언하며 말했다. "나는 2000개가 넘는 종목코드는 기억하지만 딸아이의 생일은 기억하지 못했습니다. 워커홀릭인 저 때문에 제 아내는 우울증을 겪고 있습니다. 때문에 저는 은퇴를 선택하게 됐습니다." 수많은 사람들의 만류를 뿌리치고 투자가 아닌 가족을 택한 것이다.

우리가 그토록 선망하는 워런 버핏조차 그의 공식적인 전기인 〈스노볼〉(랜덤하우스코리아, 2009)을 보면 가족과의 관계는 그다지 성공적이지 못했다는 것을 알 수 있다. 아내는 삶의 모든 것을 투자에만 바친 남편에게서 벗어나 자신만의 삶을 찾아갔고 별거 상태에서 임종을 맞이했다.

우리는 열정이 성공의 보증수표가 아님을 깨달아야 한다. 열정을 무시하거나 폄하하는 것이 아니다. 투자에만 열정적으로 매달리며 몰아치기보다는, 투자를 삶의 한 부분으로 여기고 힘을 안배해야 한다는 것이다. 게다가 투자에서 열정은 눈앞의 상황에 집중하는 데 도움을 주지만 오판을 내리는 근거도 된다. 주변 환경이나 사회의 변화를 제대로 돌아보지 못해 치명적인 실수로 돌아오는 것이다. '마음은 뜨겁게 머리는 차갑게', 잊지 말자.

끝까지 살아남아야
부자가 된다

재테크 카페에서 오랫동안 활동하다 보면 주 회원들이 끊임없이 바뀌는 것을 보게 된다. 2년 전에 활동하던 회원들과 1년 전에 활동하던 회원들, 그리고 지금 활동하는 회원들이 다 다르다. 어떤 곳이든 이러한 현상은 동일하게 나타난다. 극소수의 인원만이 변함없이 활동한다. 매일 많은 신입회원들이 가입하지만 그중 태반은 하루 이틀 정도 정보만 얻고 떠나는 뜨내기다. 하지만 그 안에서도 엄청난 에너지를 가지고 활발하게 활동하는 회원들이 있다. 댓글 달기는 기본이고, 여기저기서 얻은 수많은 정보로 게시판을 도배하기도 한다. 그러나 어느 순간부터 글이 올라오지 않는다.

왜 이런 일이 발생하는 것일까. 원인은 크게 두 가지이다. 하나는 투자를 했다가 손해를 보고서 손을 뗀 경우이고, 다른 하나는 생각만 하다가 지레 겁을 먹고 포기하는 경우이다. 전자가 바로 열정만으로 성공의 기대에 부풀어 있다가 한두 번의 실패로 포기하는 사람의 전형적인 모습이다.

투자를 하다 보면 실패의 순간은 반드시 온다. 1997년 IMF 사태나 2008년 서브프라임모기지 사태처럼 주변 환경에 의해 손실이 발생하기도 하고, 투자자의 과도한 욕심이 화를 불러 손해를 입기도 한다. 그러나 결코 한 사람에게만 일어나는 일은 아니다. 누구에게나 똑같이 힘든 시간은 온다.

살아남은 자가 강한 자다

투자로 성공한 사람들의 공통점은 투자의 세계에서 끝까지 살아남았다는 것이다. 투자로 짧은 시간 안에 일확천금을 얻는 경우와, 힘들어도 버티면서 기회를 잡아 수익을 올리는 경우 중에 어느 것이 더 자산을 증식시키는 확실한 방법이라 생각하는가? 계속해서 강조하지만, 투자를 하다 보면 다양한 위기 상황에 맞닥뜨리게 된다. 이럴 때 위기를 슬기롭게 넘기고 끝까지 살아남아야 좋은 기회를 잡을 수 있다.

온갖 천재들과 똑똑하다는 사람들이 모여 있는 곳이 투자의 세계다. 이들과 싸워 이길 수 있을까? 엄청난 자금 동원력을 자랑하는 기관이나 조 단위의 자본을 운영하는 펀드 매니저와 똑같은 종목을 매수, 매도하여 수익을 본다는 것은 상식적으로 봐도 쉽지 않다. 큰 자금을 운영하는 기관 혹은 외국인 투자자와, 적은 금액을 투자하는 개인 투자자가 있다고 했을 때 투자 대상인 기업에서 어느 쪽과 더 많은 고급 정보를 공유할 것이라 생각하는가? 개인이 거대 기관과 똑같이 투자해서 성공할 가능성은 극히 낮다.

그러나 개인에게는 엄청난 정보력과 자본 대신 무한한 시간이 있다. 오늘 꼭 투자해야 할 이유도 없고 내일 꼭 투자해야 할 필요도 없다. 확실한 투자 범위에 들어왔을 때 투자하고, 혹시 실수하거나 실패하더라도 담담하게 다음 기회를 기다릴 수 있다.

유럽의 전설적인 투자자 앙드레 코스톨라니Andre Kostolany, 글로벌 가치투자의 대가 존 템플턴John Templeton, 성장주투자의 아버지 필립 피셔Philip Fisher, 가치투자자의 창시자 벤저민 그레이엄, 월스트리트의 3대 전설 중 한 명인 존 네프John Neff와 같은 사람들이 지금까지 수많은 투자자들에게 존경받는 이유는 이들이 은퇴하거나 명을 달리할 때까지 투자를 했기 때문이다. 주식 시장이 폭등할 때도, 폭락할 때도, 지지부진한 등락을 거듭할 때도 한결같이 투자를 해서 살아남았다. 이들이라고 손실을 보지 않았을 리가 없다. 손실을 보든 이익을 보든 나가떨어지지 않고 버티고 버티면서 끝까지 살아남은 덕에 오늘의 영광을 보게 된 것이다.

버티게 하는 무기를 만들다

이름만 들어도 알 만한 전설적인 투자자들과 자신을 비교하는 것은 말도 안 되는 일이라 여길 수도 있다. 그러나 꼭 대단한 수익을 낸 위인이 아니더라도 우리 주변을 잘 살펴보면 투자의 세계에서 도태되지 않고 살아남은 사람들이 있다. 이들이야말로 우리가 본받아야 할 사람들이다.

지인 중에 15년 전부터 동서의 주식을 지속적으로 매입하는 사람이 있다. 동서는 커피와 시리얼을 판매하는 동서식품을 계열사로 둔 기업으로, 지인은 자신의 몫뿐만 아니라 자녀에게 3000만 원을 증여하면서까지 동서의 주식을 샀다. 그는 동서의 시장 장악력과 꾸준한 배당에 주목했다.

지인은 2003년 500원으로 시작한 배당금이 매년 올라 10월 현재에는 배당금만 두 배 이상을 받고 있다. 게다가 동서는 2012년 11월에 무상증자로 보유 주식이 더 많아졌는데도 불구하고 주가는 예전만큼 올랐다. 2003년 당시 4000원 정도 하던 주식 3000만 원치를 매입하여 7500주 가량을 사고 그해에 배당금만 375만 원을 받았다면, 배당금이 1000원대로 오른 2013년 현재에는 배당금으로 1500만 원 이상을 받고 있는 것이다.

더구나 그는 자녀의 배당금도 동서에 전액 재투자했다. 그럼 현재 받고 있는 배당금만 수천만 원에 이른다는 이야기다. 4000원으로 시작한 주가는 무상증자를 통해 1만 5000주가 되었고, 현재 2만 7000원 정도에 대입하면 4억 원이나 되는 엄청난 금액으로 커졌다. 아들의 계좌가 이 정도이니 본인의 계좌는 훨씬 더 큰 금액으로 늘어나 있을 것이다.

그가 동서에 투자했을 때 주가는 오르락내리락하기를 반복했다. 그럼에도 동서의 시장점유율과 배당 수익률이 높다는 점에 주목한 그는 오랫동안 안정적인 수익을 얻을 수 있다고 판단하여 위기의 순간에도 매도하지 않고 버텼다. 주식을 매매해 차익을 남기는 것이 아니라 배당금을 받아 안정적으로 수익을 내는 편을 선택한 것이다. 꾸준히 들어오는 배당금은 투자의 세계에서 그를 오랫동안 살아남게 하는 무기가 되었다.

반드시 살아남겠다는 굳은 의지만 가지고는 버틸 수 없다. 적은 금액이라도 안정적으로 수익을 내는 자신만의 무기를 가지고 있어야 버틸 힘도 생긴다. 한 번의 실패로 무너지지 않을 튼튼한 지지대를 만들어야 한다.

20대,
경제지식에 투자하라

투자 방법은 톱다운Top Down과 보텀업Bottom Up, 크게 두 가지로 나눌 수 있다. 전자는 거시경제를 살펴본 뒤에 투자처를 분석하는 방법이고, 후자는 투자처에 먼저 집중한 뒤에 거시경제를 분석하는 방식이다. 두 가지 방법은 서로 동떨어져 있지 않고 데칼코마니처럼 마주보고 있다. 둘 중 한 가지를 좀 더 우선시할 수는 있어도 딱 잘라서 어느 한 쪽이 더 우수하다고 말할 수는 없다.

투자를 처음 시작한 초보자의 입장에서 볼 때 보텀업 방식은 투자처를 비교적 쉽게 선택할 수 있다는 장점이 있다. 반면에 톱다운 방식은 알아야 할 것이 너무 많아 어느 분야부터 공부를 해야 할지 막막하다는 단점이 있다. 환율과 세계 경제의 연관성 등을 알아보는 것은 하루 이틀 한다고 되는 공부가 아니기 때문이다.

하지만 20대에는 당장 눈앞에 있는 투자처에 집중하는 것보다 멀리, 길게 보는 톱다운 방식으로 다양한 공부를 하는 것이 좋다. 거시경제를 보는 눈을 키울 수 있을 뿐만 아니라 자산 형태, 투자 환경,

업종 환경을 분석해내는 힘도 기를 수 있기 때문이다. 당장에는 아무런 도움도 되지 못하고 시간 낭비인 듯 보여도 경험과 시간이 쌓이고 나면 결코 그렇지 않다는 것을 알게 될 것이다.성공적인 투자로 가는 지름길이나 명명백백한 정답은 없기에 그 어떤 경험도 다 도움이 된다. 하나라도 더 알고 배우는 것 자체에 의미가 있다.

지식과 경험을 함께 쌓아라

스스로 똑똑하다고 자부하는 수많은 사람들이 패가망신하여 돌아가는 곳이 바로 투자의 세계이다. 그들은 가진 돈이 적다거나 세상물정을 몰라서 실패하는 것이 아니다. 실패의 원인은 자신이 잘 모르는 분야에 투자했다는 데 있다. 폭넓은 관점을 가지고 관련 지식과 경험들을 차근차근 쌓아 올리기도 전에 '한 방'을 노리며 섣불리 시도한 탓이다.

20대에는 30~40대에 하게 될 실전 투자의 워밍업이라는 생각으로 투자를 하는 것이 좋다. 모의투자를 통해서 감각을 키우는 것도 방법이다. 각종 증권사의 모의투자 대회도 좋지만, 자신이 조사한 기업의 현재 주가를 블로그나 메모장에 기입하고 1~2년 후에 주가가 어떻게 변했는지 확인하는 방법도 좋다. 돈이 없어도 모의투자를 통해 얼마든지 투자 감각을 익힐 수 있다.

실전 투자를 할 경우에는 소액으로 시작한다. 중요한 것은 돈의 규모가 아니라 투자할 대상에 대해 얼마나 알고 있느냐 하는 것이다.

투자 지식은 갑자기 생기는 것이 아니다. 시간을 두고 꾸준히 관련 정보를 습득하고 공부해야만 한다. 20대에 이런 지식을 쌓으면서 투자 경험을 늘려나가다 보면 투자에 대한 남다른 감각을 갖추게 되어 훗날 지금과는 비교할 수 없는 큰 수익을 얻게 될 것이다.

투자에 성공한 사람들을 보면 20대 때부터 투자에 관심을 가지고 끊임없이 공부한 경우가 많다. 20대에 돈을 허투루 쓰지 않고 착실히 모으며 하나라도 더 배우려고 노력한 사람은 본격적인 투자를 시작했을 때 높은 성공률을 기록한다. 톱다운 방식으로 공부를 시작하여 시야를 넓히고 보다 단단한 지식을 쌓은 뒤에 보텀업 방식으로 전략적인 투자 계획을 짜야 한다. 인생에서 가장 총명한 시기인 20대에 공부해서 차근차근 투자 준비를 해나간다면 결국 남들보다 더 빨리 성공한 자신을 보게 될 것이다.

30대에 모은 돈은
평생 빛을 발한다

　사람들이 투자에 본격적으로 관심을 가지고 실전 투자를 하는 시기는 바로 30대이다. 20대에는 돈 없으면 못한다고 생각해서 대개 시도조차 하지 않지만, 30대에는 직장생활을 하면서 조금씩 돈이 모이기 시작하는 데다 미래에 대한 막연한 불안감이 커져 투자에 대한 관심이 급증한다.

　이 시기에 흔히 하는 실수는 약간의 돈이 있다고 해서 투자를 쉽게 결정해버리는 것이다. 특히 처음 투자를 했는데 '초심자의 행운'이 작용하여 이익이 나는 경우 투자를 만만하게 생각하게 될 위험이 있으므로 각별한 주의가 필요하다.

30대 투자자의 자화상

예를 들면 이렇다. 적은 금액으로 일단 한번 해볼까 싶어서 투자했는데 뜻밖에도 이익이 난다. '투자를 이 맛에 하는구나' 하는 생각에 웃음이 절로 난다. 쉽게 돈을 벌 수 있을 것 같다는 생각이 들어 마음이 들뜬다. 가지고 있는 돈은 얼마 안 되지만 투자를 본격적으로 시작한다. 사회생활도 어느 정도 했고 연차도 쌓였으니 대출을 받아 투자하기로 한다.

이미 투자의 단맛에 길들여진 만큼 조심스러운 태도는 저 멀리 던져버리고 사람들이 추천하는 투자처에 돈을 넣는다. 더 이상 초심자의 행운이 작동하지 않는 진검승부의 세계로 접어들었다는 것을 미처 인식하지 못한 채 돈만 날리는 투자를 시작한다. 모아놓았던 현금뿐만 아니라 대출받은 돈까지 다 날리고 나면 이제 투자는커녕 대출금 갚기에 급급해진다. 그렇게 서서히 투자는 자신과 상관 없는 세계가 되어버린다.

오늘날 투자를 하는 많은 30대의 자화상이다. 아무런 준비도 없이 투자의 세계에 뛰어들었다가 실패만 거듭하고 떠나간다. 첫 투자로 쓴맛을 보면 차라리 행운이다. 투자라는 것이 쉽지도 않고 이익을 본다는 것이 얼마나 어려운지 몸소 체험할 수 있으니 말이다. 어설픈 성공은 오히려 패가망신의 지름길이 될 수 있다. 당장 눈앞에 보이는 이익을 위해 대출까지 받아 투자하는 비극을 불러올 수 있다. 초반에 투자금을 적당히 잃어보기도 해야 낮은 자세로 하나라도 더 배우려고 노력하면서 조심스러운 투자를 할 수 있다.

여윳돈이 기회를 만든다

필자 역시 정신 없이 앞만 보고 달리던 20대에는 투자할 생각을 못했는데 30대에 들어서면서 투자라는 것을 알고 호기심을 갖게 되었다. 투자는 끊임없이 현금 흐름을 창출하는 것이 가장 중요하다고 이야기한 〈부자 아빠 가난한 아빠〉(전5권, 황금가지, 2002), 부동산 경매는 평범한 사람도 할 수 있다는 것을 알려준 〈33세 14억, 젊은 부자의 투자 일기〉(매일경제신문사, 2003)와 같은 책을 통해 투자 공부를 본격적으로 시작했다. 하지만 '다행히도' 그 당시에 필자는 가진 돈이 없었다. 생활비를 해결하기에도 급급한 필자에게 투자는 먼 이야기일 뿐이었다.

그래서 선택한 방법은 두 가지였다. 하나는 투자에 관한 책을 섭렵하는 것이었고, 두 번째는 열심히 여윳돈을 모으는 것이었다. 집과 회사 주변에 있는 도서관을 찾아다니면서 투자 관련 서적들을 읽고 미래를 준비했다. 단순히 투자에 대해서만 공부한 것이 아니라, 성공적인 투자는 자기 자신을 다스리는 능력에서 나온다는 점에 착안해서 온갖 자기계발 서적들과 유명한 투자자들의 자서전을 읽어내려 갔다. 본격적인 실전 투자에 대비하여 이미지 트레이닝을 했다고 할 수 있다.

한 사람의 일생에서 가장 많은 여윳돈을 모을 수 있는 시기는 대체적으로 30대이다. 30대에 미래를 준비하면서 모은 돈은 남은 인생 동안 두고두고 빛을 발한다. 미래를 위해 막연하게 적금을 붓는 데서 한 발 더 나아가 꾸준히 투자 공부를 하면서 돈을 모아 놓는다면, 기회가 왔을 때 그 기회를 놓치지 않고 원하는 결과를 얻을 수 있을 것이다. 축적된 투자 지식과 여윳돈, 그것이 바로 30대에 가질 수 있는 최고의 자산이다.

40대, 투자로
인생 후반기를 준비하라

40대가 되면 사회에서 중추적인 역할을 하게 된다. 아래로는 직원들을 이끌고 위로는 사장을 보좌하는 위치에 오르는 것이다. 가장 많은 수입을 벌어들이는 시기인 동시에 가장 위태로운 직장생활을 하는 시기이기도 하다. 언제 회사에서 잘릴지 모른다는 불안감이 극대화된다. 그러나 또 한편으로는 사회와 회사가 돌아가는 시스템을 어느 정도 파악하면서 자신이 원하는 일을 하고자 하는 욕망이 점점 더 커질 때이다.

이 세대가 저지르는 가장 큰 실수는 충분한 준비 없이 창업을 시작한다는 것이다. 밑에서 치고 올라오는 후배의 패기에 흔들리고, 실적을 내라는 상사의 압박에 숨 막혀 한다. 그러다가 이럴 바에는 내 사업을 하는 게 낫겠다면서 호기롭게 회사를 그만두고 창업을 한다. 회사를 그만두면 무엇을 할 것인지 제대로 고민해본 적이 없기에 일단 프랜차이즈를 선택한다.

이 상태에서 시작한 창업은 십중팔구 1년도 못 되어 폐업을 한다.

그나마 자신이 가지고 있던 돈만 날리면 상관없는데 창업자금대출까지 받아 거창하게 시작한 경우에는 큰 빚까지 떠안는다. 결국 대출이자에, 가게 월세에, 각종 비용을 감당하지 못해 입에 풀칠하기도 힘든 상태가 되어버린다. 우리 주위에서 쉽게 찾아볼 수 있는 오늘날 40대의 자화상이다.

회사 일과 투자를 병행하라

사업과 투자의 차이는 무엇일까? 사업은 '어떤 일을 일정한 목적과 계획을 가지고 짜임새 있게 지속적으로 경영하는 일'이고, 투자는 '이익을 얻기 위하여 어떤 일이나 사업에 자본을 대거나 시간과 정성을 쏟는 것'이다. 개념은 조금 다르지만 사업이나 투자나 관점은 똑같다. '이익을 얻기 위해 목표와 전략을 가지고 어떤 일을 관리한다'는 것이다.

하지만 직장을 다니면서 사업을 하는 것은 쉽지 않다. 더구나 40대는 회사에서도 중요한 위치에 있기에 투잡을 하는 것은 현실적으로 어렵다. 그러나 투자는 직장을 다니면서도 얼마든지 할 수 있다. 사업보다 투자의 성공 가능성이 더욱 높은 이유이다.

부동산 경매를 예로 들어 보자. 평일 퇴근 이후나 휴일에 부동산 경매와 관련된 강의를 듣고 책을 읽으며 꾸준히 공부한다. 적당한 매물을 발견하면 휴일을 잡아 직접 현장조사를 나간다. 부동산 경매에서 제일 중요한 권리분석(부동산의 권리 및 권리관계 등에 하자가 있는지 여부를 조사, 확인, 분석하는 작업)과 현장조사를 끝낸 후에는 한 달에 한 번 정도 법원에 가서 입찰한다. 회사 일 때문에 시간을 따로 내기가 어렵다면 가족 중에 시간이 되는 사람에게 부탁해서 대리입찰을 할 수도 있다.

회사에서 퇴직하는 경우, 이렇게 익힌 투자 감각을 바탕으로 본격적으로 투자를 할 수 있다. 전업투자자라기보다는 새로운 직업을 구하기 전까지 버팀목이 되는 수익 구조를 만든다는 자세로 준비를 하는 것이 더 현명하다.

제2의 인생, 어떻게 살 것인가

현장조사할 시간도 마련하기가 힘든 경우라면 주식 투자를 하면 된다. 평범한 직장을 다니며 틈틈이 주식 투자를 하다가 주식 자산가가 되어 회사를 그만두는 경우도 종종 있다.

'남산주성'이라는 필명으로 활동하며 가치투자의 고수로 널리 알려진 김태석은 직장을 다니면서 100만 원으로 주식 투자를 시작했다. 처음에는 그가 투자한 종목이 상장폐지를 당하고 전문가에게 추천을 받아 400만 원을 투자한 종목 역시 상장폐지를 당하는 등 시련을 겪었다. 결국 그는 대박을 내겠다는 욕심을 접고 안정적으로 배당금을 지급하는 휴스틸에 투자한 뒤 묵묵히 회사를 다녔다.

그런데 진급을 할 정도로 회사 일에 매진하는 동안 휴스틸에서 20%나 되는 배당금이 들어왔다. 그는 그렇게 생각지도 못하게 1억 원을 모았다. 1년에 2000만 원 정도의 배당금을 받게 될 것을 예상해 1억 원을 다시 휴스틸에 투자했고, 평균 5000원에 매수한 휴스틸을 1만 5000원에 팔아 어지간한 직장인의 연봉보다 많은 금액을 벌었다. 그리고 2005년 대세 상승기에 운 좋게 여러 종목을 매수하고 매도하면서 큰 수익을 보았다.

2005년 후반기 무렵 회사에서 구조조정 칼날이 몰아칠 때 무급휴가를 1년 동안 내고 그동안 부업으로 하던 주식 투자를 본격적으로 시작했다. 남들은 구조조정 때문에 어쩔 수 없이 회사를 나오고 어설프게 창업 시장에 뛰어들었다가 퇴직금마저 날리는 상황에서, 김태석은 차근차근 쌓아온 투자 실력을 무기 삼아 투자의 기회를 잡았다. 그렇게 1년의 무급휴가를 끝낸 뒤 전업투자자의 길로 들어섰다. 당시 종잣돈으로 삼았던 2억 5000만 원은 5년 만에 60억 원으로 불어났다.

김태석은 대박의 환상에 젖어 투기를 하는 것이 아니라 안정적으로 배당금을 받는 투자를 하면서 자신의 일에 충실했다. 남들이 타의에 의해 회사를 그만둘 때 스스로 회사를 그만두고 전업투자자로 전향한 그는 제2의 인생을 성공적으로 살고 있다.

인생의 실질적인 후반기가 시작되는 40대, 본격적으로 투자를 시작해보는 것은 어떨까? 월급이라는 안전망이 있을 때 가능한 한 많은 경험을 쌓아서 실력을 키우는 것이 좋다. 그렇게 쌓인 경험은 퇴직 후 인생 후반기를 살아가는 데 든든한 버팀목이 되어줄 것이다.

투자 대상과
함께 성장하라

열심히 하는 사람은 즐기는 사람을 이길 수 없다고 한다. 그럴 수밖에 없는 것이 어떤 일이든 하다 보면 힘든 시기가 오게 마련인데, 그저 열심히 한 사람은 시련이 닥쳤을 때 쉽게 무너지지만 즐기는 사람은 위기 역시 과정이라고 생각하여 극복할 힘을 끌어낸다.

투자를 즐기면서 하는 사람들은 얼마나 될까? 당장 눈앞에 돈이 왔다 갔다 하는 상황에서 '과정을 충분히 즐겼으니 돈은 잃어도 좋다'라고 생각하는 사람은 없을 것이다. 투자는 더 많은 돈을 버는 것에 목표가 맞춰져 있기에, 투자의 결과로 이익이 나면 기쁨에 찬 환희를 맛보지만 손해가 나면 이루 말할 수 없이 참담해진다.

그럼에도 불구하고 즐기면서 투자하는 방법은 있다. 저평가된 투자 대상을 발굴하여 성장하는 모습을 지켜보는 것이다. 예를 들어 보자. 당신은 A라는 기업을 발견하고 조사를 시작한다. 재무제표를 보니 꾸준히 매출을 올리고 있고 이익도 증가하고 있다. A기업에 관한 신문기사를 읽어보니 업계의 평판도 괜찮고, 사장은 엉뚱한 데에 한

눈팔지 않고 오로지 기업의 발전에만 집중하는 것으로 보인다. 지금까지 했던 사업뿐만 아니라 새롭게 론칭한 분야도 전망이 아주 밝아 보인다. 일단 지금까지 모아놓았던 돈을 투자하고, 주가가 오르거나 떨어져도 신경 쓰지 않고 매월 일정 금액을 꾸준히 매수한다.

어느덧 평균 매입 단가에 비해 주가는 꽤 올라 있다. 가지고 있는 것만으로도 이익을 보는 상태이고 추가로 받는 배당금은 보너스라고 생각한다. 기분 좋게 식구들과 외식을 즐길 수도 있고 또 다른 기업에 재투자할 수도 있다. 시장에서 저평가를 받아왔던 A기업은 새롭게 론칭한 분야에서 본격적으로 이익이 발생하기 시작하면서 기관의 애널리스트에게 좋은 평가를 받고 개인뿐만 아니라 기관에서까지 매수를 시작해 상당히 높은 가격까지 주가가 오른다.

평생 하는 투자, 즐겁게 하자

이처럼 자신이 발견한 기업이 자신이 그린 그림대로 진행되는 과정을 지켜보는 것은 투자자에게 최고의 즐거움일 것이다. 물론 성공적인 사례가 흔한 것은 아니다. 아무리 저평가된 좋은 기업을 발견했다고 해도 실제로 돈을 투입하는 것은 상당한 용기와 결단을 필요로 한다. 투자를 했는데 처음 판단과는 달리 주가가 지지부진한 경우도 많다. 하지만 투자하고자 하는 대상에 대해서 충분히 공부하고 경험을 쌓으며 그 기업의 성장과 함께 나아가다 보면 어느 순간 좋은 결과가 따라온다.

투자 고수라고 해서 하루 종일 눈이 시뻘게지도록 조사하고 연구하는 것은 아니다. 신문도 읽고, 책도 읽고, 다양한 사람들과 만나 여러 이야기도 듣는다. 투자를 하다 보면 수익이 날 때도 있고 손실이 날 때도 있다. 수익과 손실에 일희일비하기보다는 결과를 담담하게 받아들이고, 경험치가 쌓이는 만큼 실력도 향상된다는 사실을 늘 기억한다면 즐겁게 오랫동안 투자할 수 있다.

4장

진짜 투자는
지금부터다

경제라는 것은 가르칠 수 없는 것으로서,
스스로 체험하고 살아 남아야 한다.

앙드레 코스톨라니 Andre Kostolany

투자 공부,
어떻게 시작할 것인가

투자를 제대로 하려면 공부를 해야 한다. 투자로 돈을 벌고자 하는 많은 사람들이 투자에 대해 본격적으로 공부하는 것을 부담스러워하며 좋은 '건수'가 생기기만을 기다리지만, 다른 사람들의 말에 휘둘리지 않고 주체적으로 투자를 하려면 공부를 통해 자신만의 관점을 세우고 시장을 분석할 수 있는 능력을 키워야 한다. 아무것도 모르는 상태에서 남들 따라서 하는 투자는 그 결과가 어떻든지 단발성으로 끝날 뿐, 지속적으로 이어지지 못한다.

투자 공부를 하려면 일단 투자와 관련된 용어부터 익혀야 한다. 그런데 이 단계를 넘기는 것이 쉽지 않다. 처음에는 한글을 모르는 것도 아닌데 무슨 말인지 알 수가 없고 이해는커녕 읽는 것 자체가 버겁다. 공부하다가 모르는 단어가 연속으로 나오면 그만 질려버려서 읽고 싶은 생각마저 달아난다. 용어집을 읽어도 용어는 눈에 안 들어오고, 용어에 대한 뜻을 읽는다고 해도 막상 관련 글을 읽으려고 하면 다시 금붕어의 뇌가 되어버린다. 이 과정이 반복되면 포기하고 싶은 마음이 든다.

그러나 용어가 생소한 상태에서는 쉬운 내용도 이해하지 못한다. 2 더하기 2는 4라고 답하는 초등학생이 2 플러스 2에 대답은 못하는 것과 같다. '플러스'라는 용어의 뜻을 먼저 알아야 내용도 이해할 수 있는 것이다. 따라서 아무리 답답해도 끈기를 가지고 용어를 익혀야 한다. 용어는 어떤 분야든지 처음 공부할 때 가장 먼저 맞닥뜨리는 문제다.

용어가 익숙해지면 내용이 보인다

처음에는 용어가 눈에 들어오든 말든 상관하지 말고 일단 책을 계속해서 읽는 것이 중요하다. 책 읽는 방법에는 두 가지가 있다. 하나는 한 권의 책을 읽고 또 읽는 것이다. 어느 정도 감이 잡히고 용어가 익숙해져 글이 눈에 들어올 때까지 반복해서 읽는다. 두 번째 방법은 여러 권의 책을 연속으로 읽는 것이다. 눈에 들어오든 말든 신경 쓰지 말고 전체적인 그림을 생각하며 다섯 권 이상 읽는다.

개인적으로 필자의 경우에는 전자보다 후자의 방법이 덜 지루했다. 관련 분야의 책을 연속적으로 읽으면 어느 순간부터 글이 눈에 들어오기 시작한다. 단어가 익숙해지면서 문장이 읽히고 점차적으로 내용이 이해되는 순간이 온다. 점점 읽는 데 드는 시간이 단축되고 이해의 범위가 넓어진다. 여전히 모르는 단어가 툭툭 튀어나오고 이해 안 가는 부분도 있을 테지만 사소한 데 집착하지 말아야 한다. 익숙해지는 것이 먼저이다. 그 다음에 각자 자신에게 맞는 방법으로 공부하면 된다.

주식 투자의 경우에는 가치투자부터 차트투자까지 투자 방식이 다양하다. 그러나 주식 투자는 기본적으로 기업에 투자하는 것이므로, 어떤 투자를 하든지 재무제표를 완벽하게 분석할 정도는 아니더라도 용어를 이해할 수 있을 정도의 실력은 되어야 한다. 최소한 매출, 매입, 영업이익과 같은 간단한 개념은 반드시 알아야 한다.

부동산 투자는 실물경제라서 책으로만 배우는 데는 한계가 있고 법과 연관된 부분이 많아 공부하기가 번거롭다. 가장 좋은 방법은 공인중개사 수험서를 읽는 것이다. 책으로 공부하는 것이 힘들다면 동영상 강의를 보는 것도 한 방법이다. 부동산은 개별성이 강하므로 관심 있는 지역의 부동산 중개업소에 가서 이것저것 물어보고 걸어 다니면서 직접 눈으로 확인하는 방법이 가장 좋다.

최근에는 앞의 다른 글에서 설명한 것과 같이 다수의 투자 강의들이 개설되어 투자자들에게 실무적인 도움을 주고 있다. 5~10주 정도의 교육과정을 통해 기본적인 용어와 개념을 배울 수 있다. 함께 강의를 듣는 사람들끼리 스터디그룹을 만들어서 심화학습을 하기도 한다. 강의가 끝난 후에도 한 달에 한두 번씩 만나 이야기를 나누며 부족한 점을 서로 보완하는 경우도 있다.

또 어떤 식으로 공부할 수 있을까? 어렵게 생각할 필요 없다. 매일 신문을 읽는 것도 공부가 된다. 신문은 늘 시대의 변화를 분석해서 알려준다. 부동산 세금 체계의 변화와 1인 가구의 출현에 대한 뉴스를 보면서 이러한 사회 변화와 부동산 투자를 어떤 식으로 접목할 것인지 고민하는 것도 좋은 공부다.

공부는 선택이 아닌 필수다

2007년 말, 주식 투자 환경에 큰 변화가 있었다. 국제회계기준IFRS에 맞춘 한국채택국제회계기준K-IFRS이 새롭게 제정되어 2011년부터 모든 상장기업이 의무적으로 K-IFRS를 적용한 것이다. 국내회계기준K-GAPP을 따르던 이전까지는 개별재무제표만 보면 주식 투자를 할 수 있었지만 K-IFRS이 시행되면서 연결재무제표를 볼 수 있어야만 투자가 가능하게 되었다. 이러한 상황을 몰라서 미리 공부하지 않은 사람들은 헤맬 수밖에 없었다. 지속적으로 관심을 가지고 꾸준히 공부를 하지 않은 탓에 변화하는 투자 흐름을 따라갈 수 없었던 것이다.

너무나 많은 사람들이 투자를 쉽게 한다. 책 몇 권을 읽은 것과 누군가의 투자일지를 온라인상에서 봤다는 것을 무기 삼아 일단 뛰어들고 본다. 쉬운 길로 가려는 욕망 때문에 진득하게 공부하는 것을 게을리하는 것이다. 그러나 투자 환경은 국가의 정책이나 세금, 기업과 관련된 제도의 변화에 따라 끊임없이 바뀌는 살아 있는 생물체와 같아서 늘 주시하고 공부하지 않으면 안 된다. 변화를 쫓아가지 못하는 투자자는 수익을 내거나 본전을 지키기는커녕 손실이 나도 그 이유조차 모를 수 있다.

투자를 잘하는 사람들은 지금 이 순간에도 시대의 변화를 읽고 공부를 한다. 단 한 번의 성적으로 대학의 등락이 결정되는 수능시험과 달리, 평생을 두고 하는 투자는 계속해서 공부를 해야만 좋은 성적을 얻을 수 있다. 공부를 게을리할수록 수익률 올리기는 힘들어진다는 사실을 반드시 기억하라.

주식 투자를 할까,
부동산 투자를 할까?

🌏

투자의 형태와 종류는 워낙 다양해서 정형화된 갈래로 묶기가 쉽지 않다. 주식 투자, 채권 투자, 펀드 투자 등의 금융자산 투자와 부동산 투자, 토지 투자와 같은 실물자산 투자로 나눌 수도 있고, 일반 펀드나 원자재를 상품화한 금융상품에 가입하는 간접 투자와 투자자가 투자처를 직접 선정하고 매매하는 직접 투자로 나눌 수도 있다. 그러나 갈래와 관계없이 개인이 비교적 쉽게 접근하여 직접 투자할수 있는 분야는 주식 투자와 부동산 투자 정도로 한정된다.

주식 투자와 부동산 투자 모두 투자의 원리는 같다. 싸게 사고 비싸게 팔아서 이익을 남기는 것이다. 그러나 세부적인 방법에는 물론 차이가 있다.

주식 투자에는 늘 가치와 가격의 차이가 존재한다. 가격은 현재 시장이 제시하는 금액인데, 자신이 계산한 가치가 현재의 가격과 다르면 매수하지 않는다. 계산한 가치와 가격이 비슷할 때 매수하고 적정가치 이상으로 가격이 올라갈 때 매도한다. 주식 투자에서 가장 어려운 점이 바로 가치와 가격의 차이를 파악해서 매수와 매도 시점을 결정하는 것이다.

뿐만 아니라 주식은 경제가 돌아가는 사정과 환율 시세, 우리나라의 수출입 상황, 경상수지 등을 파악하고 한국은행의 금리 정책에 따른 효과와 개별 기업의 향후 움직임, 이러한 변화가 시장에 미치게 될 영향에 대해 큰 그림을 그릴 수 있어야 한다.

부동산 투자는 각 지역의 중개업소를 통해 현재의 가격을 정확하게 파악할 수 있다. 수익률을 산정하고 원하는 가격에 급매로 구입하거나 경매를 통해 매수하면 특별한 일이 없는 한 이익은 확정된다.

부동산 투자 역시 세계 경제, 금리, 환율 등의 변화와 밀접한 관계가 있지만 그런 것을 알지 못해도 큰 지장은 없다. 거시경제의 영향이 즉각적으로 반영되는 주식 시장과 달리, 부동산 시장은 실물자산을 거래하는 것이기에 거주 주택 같은 경우에는 교육 환경, 교통 여건, 생활의 편의성, 근무지와의 접근성이 보다 많은 영향을 미친다.

주식 투자의 대상은 눈에 직접 보이지 않지만, 부동산 투자의 대상은 직접 눈으로 확인할 수 있다. 또한 주식 투자는 대부분의 투자자들이 매수와 매도에 따른 수수료 이외에는 지불하는 비용이 거의 없지만, 부동산 투자는 취득세, 보유세(재산세를 비롯해 국민건강보험료, 국민연금 보험료 등이 연계), 양도 소득세 등 여러모로 비용이 많이 든다는 차이점이 있다.

이제 부동산 투자는 수익을 내는 방식이 물가상승률만큼의 시세차익을 내거나 월세를 받는 임대수익으로 한정되고 있지만 확정수익이라는 점에서 매력적이다. 한편 주식 투자는 수익의 규모는 무한정으로 열려 있지만 100% 손해 볼 수도 있다는 변동성이 존재한다.

세부적으로는 다양한 차이가 있지만 그럼에도 주식 시장과 부동산 시장은 서로 관계가 없는 개별적인 대상이 아니다. 주식 가격은 올라가는데 부동산 가격은 떨어지는 경우는 없다. 주식 가격이 오르면 그 돈을 빼서 집을 구입하기도 하고 전세금에 보태기도 한다. 부동산 가격이 떨어지면 대출이자를 갚기 위해 주식에서 돈을 뺄 수도 있다. 서로 불가분의 관계인 것이다. 한 기업이 투자를 위해 채권을 발행하거나 저당을 잡힐 때 보유 토지의 가격이 하락하여 어려움을 겪을 수도 있다.

보유 현금에 따라 방식도 달라진다

앞서 말한 것과 같이 부동산이나 주식이나 싸게 사서 비싸게 판다는 투자 방식은 동일하다. 그러나 동일한 금액으로 투자를 한다고 했을 때 주식 투자를 할 때와 부동산 투자를 할 때의 전략은 달라진다.

주식 투자의 경우 1000만 원이면 상장기업 전체 종목에 투자할 수 있다. 1000만 원을 가진 사람도 1억 원, 10억 원을 가진 사람과 똑같은 종목에 투자를 할 수 있다. 물론 보유 현금이 100억 원 이상이면 아무 종목에나 투자할 수는 없다. 시가총액 100억 원의 종목에 100억 원의 10%만 투자해도 그 기업의 가격은 출렁거리기에, 이럴 때는 거래 방법이 달라진다.

부동산 투자의 경우 1000만 원을 가진 사람과 1억 원을 가진 사람, 10억 원을 가진 사람은 각자 보는 물건이 다르다. 1000만 원을 가진 사람은 빌라에 한정해서 살펴본다. 1억 원을 가진 사람은 강남에 있는 고급 빌라가 아닌 이상 아파트 위주로 물건을 검색한다. 10억 원을 가진 사람은 그 돈으로 아파트에 투자하는 것은 쓸데없이 기회비용을 날리는 것이라고 생각하기에 수익형 물건인 근린주택이나 임대수익을 낼 수 있는 3층 이상의 건물을 알아본다. 물론 1억 원으로 몇 채의 빌라에 투자하거나 10억 원으로 몇 채의 아파트에 투자하는 경우도 있지만 대체로 자신이 가진 금액에 맞게 투자한다.

자신의 성향을 먼저 파악하라

무리하지 않고 즐기면서 투자하기 위해서는 분야를 선택할 때 자신의 성격과 성향도 고려해야 한다. 사람 만나기를 좋아하고 활동적인 사람이라면 부동산 중개업소를 돌아다니고 이해관계자들을 수시로 만나야 하는 부동산 투자가 잘 맞을 수 있다. 숫자 계산에 강하고 미래를 전망하며 큰 그림 그리는 것을 좋아하는 사람이라면 재무제표를 보며 회사의 발전 과정을 추적하는 주식 투자가 맞을 수 있다.

낯을 많이 가리는 사람이라면 다양한 사람을 만나 이야기를 나누고 정보를 얻어야 투자가 가능한 부동산 투자에는 어울리지 않는다. 반면에 숫자만 봐도 울렁증이 나고 가치 계산하기를 싫어하는 사람이라면 주식 투자는 힘들 것이다. 그런 사람에게는 현재의 가격만 제대로 파악하면 리모델링으로 가치를 올려 수익을 낼 수 있는 부동산 투자가 더 맞는다.

어떤 투자가 더 우월한 수익을 내는 투자인지를 따지는 것은 의미가 없다. 그저 자신의 상황에 맞는 투자를 선택하면 된다. 자신의 자금 사정과 성향에 맞춰 투자를 할 때 보다 즐거운 마음으로 투자를 할 수 있다.

작고 분명한
목표가 주는 힘

부자가 되고 싶다는 사람들에게 투자 목표를 묻다 보면 무턱대고 '100억 원을 벌겠다'고 말하는 경우가 종종 있다. 그러나 이것은 투자 목표가 아니다. 구체적인 목표는 동기부여가 되지만 터무니없는 금액을 목표로 정하는 것은 아무런 의미가 없다. 허황된 목표를 세운다는 건 처음부터 목표를 달성할 생각이 없다는 뜻이나 마찬가지이다. 자신의 상황을 면밀하게 분석하고 실현 가능한 금액을 목표액으로 잡아야 한다.

가장 좋은 방법은 목표액을 조금씩 높이는 것이다. 처음에는 100만 원을 모으는 것으로 출발해서 1000만 원을 모으는 것으로 상향하고, 매년 10%의 투자 수익을 올려 1억 원을 벌겠다고 계획하는 식이다. 단계별로 높여가야만 목표가 분명히 눈에 보이고 할 수 있다는 자신감도 생긴다. 작은 것부터 하나씩 실천하며 달성한 성공은 또 그다음 단계로 넘어갈 수 있는 힘이 된다.

천릿길도 '진짜' 한 걸음부터다

통계청 자료에 나와 있는 2012년도 임금근로자 월평균 소득인 300만 원을 매월 투자 수익 목표로 세웠다고 하자. 그리고 실현 가능한 수익률을 생각해보자. 이때 가장 중요한 것은 욕심을 내지 않는 것이다. 은행 이자는 3% 미만이며, 세계에서 가장 투자를 잘한다는 워런 버핏조차 40년 동안의 평균 수익률이 20% 안팎이라는 점을 감안할 때 연평균 5~10% 수익률도 굉장히 높은 목표라는 것을 알 수 있다.

그렇다면 종잣돈은 얼마를 모아야 할까? 10% 수익률로 월평균 300만 원을 벌려면 3억 6000만 원의 종잣돈이 필요하다. 물론 처음부터 300만 원의 수익을 얻을 수는 없고, 3억 6000만 원의 종잣돈을 모으기는 더더욱 힘들다. 일단 가장 먼저 해야 할 일은 자신의 상황에 맞춰서 구체적인 계획을 세우고 돈을 불려나가는 방법을 몸에 익히는 것이다.

월 수익 목표 10만 원부터 시작해보자. 위와 같은 방식으로 계산했을 때 연 10%의 수익률로 월 10만 원을 버는 것은 종잣돈 1200만 원으로 가능하다. 이제 무엇인가 명확하게 눈에 들어오지 않는가? 현금 10억 원이라고 했을 때는 경제적 자유가 나와 전혀 상관없는 일 같았지만, 현금 1200만 원이라고 하면 실현 가능한 이야기로 들리는 것이다. '나도 할 수 있다'는 자신감을 얻는 동시에 당장 실천해보고 싶은 욕구도 생긴다.

이제 여기에 복리의 개념을 더해보자. 복리란 잘 알려진 것처럼 원금에 이자를 더한 금액을 다시 원금으로 하여 이자를 붙여나가는 계산법이다. 이때 핵심은 수익이 생겼을 때 그 돈을 다른 곳에 쓰지 않고 재투자하는 것이다. 투자의 수익금을 재투자하면 수익률은 똑같지만 수익금과 원금은 점점 불어날 것이다. 이것은 허무맹랑한 이야기가 아니다. 조급해하지 않고 멀리 보며 꾸준히 투자해서 성공한 사람들이 검증한 투자법이다.

눈에 보이는 목표를 세워라

실현 가능한 목표가 가지는 힘은 금융상품을 바탕으로 재무설계를 할 때도 드러난다. 필자에게는 장기주택마련저축이나 주택청약적금도 불입하지 않던 시절이 있었다. 적금에 가입한 적은 몇 번 있었지만 단 한 번도 만기까지 유지하지 못했고 몇 달 되지 않아 해약했다. 그러다 보니 어느 순간부터 자연스럽게 적금 가입을 포기하게 됐다. 끝까지 불입하지도 못할 걸 굳이 할 필요가 있을까 싶었다.

하지만 적금으로 목돈을 만들고 싶은 마음은 남아 있었다. 그래서 부담 없이 한 달에 1만 원 이상 불입하는 자유적립식 펀드에 가입했다. 만기 유지를 목표로 했기에 반강제적으로 불입할 수밖에 없도록 중간에 해약했을 때 패널티를 적용하는 펀드에 가입하기로 했다. 대부분의 펀드는 가입한 지 90일 이내에 환매 신청을 하면 수익금의 일정 부분을 환매수수료로 내는데, 가입하기로 한 펀드는 그 기간이 무려 3년이었다. 성격상 억울해서라도 끝까지 불입할 것이라는 판단이 들어 과감히 매월 10만 원씩 불입하기로 했다.

그때까지 단 한 번도 만기를 채운 적이 없다 보니 시간이 지나 돈이 쌓이면 쌓일수록 자꾸 그 돈으로 눈이 돌아갔다. 하지만 환매수수료 문제도 있고 스스로에 대한 테스트라는 의미도 있어서 끝까지 유지했다. 그리고 드디어 만기가 되었다. 다행히 주식 시장도 활황기여서 3년 동안 총 360만 원을 불입하고 410만 원이 약간 넘는 금액을 받을 수 있었다.

적금 1년도 채우지 못했던 내가 무려 3년이라는 기간 동안 매월 한 번도 빠지지 않고 불입했다는 사실도 기뻤지만, 10만 원이라는 돈이 쌓여 400만 원이라는 돈으로 돌아왔다는 사실은 더 큰 기쁨을 주었고 자신감을 키워줬다. '해냈다'라는 뿌듯함에서 나아가 '나도 할 수 있다'라는 자기 확신까지 얻었다.

이 일을 계기로 성취감을 얻은 필자는 회사 동료를 데리고 직접 은행에 가서 적금에 가입시키고 펀드도 만들어줬다. 역시 1~2만 원이라는 부담 없는 금액으로 1년 만기 적금에 가입을 했던 동료는 1년 뒤 만기 금액을 예금으로 넣고 다시 1년 만기 적금에 불입 금액을 5만 원 정도 올려서 가입했다. 그게 2008년의 일이었다.

서로 이직을 하는 바람에 한동안 만나지 못했는데, 그 동료는 결혼을 한다며 4년 만에 찾아와서는 고맙다고 인사를 했다. 필자가 알려준 방법으로 꾸준히 적금과 예금을 한 덕에 돈을 꽤 모을 수 있었다는 것이다. 처음에는 얼마 되지도 않는 금액이라 시큰둥했지만 조금씩 쌓이는 돈을 보면서 굉장히 흐뭇했다고 한다.

가진 돈이 없어서 결혼은 생각지도 못했다는 그 동료는 이렇게 몇 년 동안 모은 돈과 부모님에게서 받은 돈을 합쳐 결혼을 한다며 좋아했다. 티끌 모아 태산이라고, 처음에는 20만 원 정도의 작은 수입을 얻는 것으로 시작했지만 성공을 맛보고 나니 의욕이 생겨 서서히 불입 금액을 올릴 수 있었고 덕분에 5년 만에 결혼자금을 모을 수 있었다고 한다. 눈에 분명히 보이는 목표를 달성했기에 다음 단계의 목표를 설정하고 꾸준히 이뤄갈 수 있었던 것이다.

성공에 이르는 길에는 엘리베이터가 없다

처음부터 거창한 목표를 세우면 당장 부자가 될 듯한 환상에 취해 무모한 시도를 하게 된다. 그렇게 시작한 투자는 대부분 꾸준한 노력으로 이어지기는커녕 아무것도 남기지 못한 채 의욕만 꺾는다. 성과가 눈에 보이지 않으니 힘이 나지 않는 것이다. 투자는 반드시 작고 분명한 목표에서 시작해야 한다.

미국에서 가장 성공한 동기부여가이자 뛰어난 영업자였던 지그 지글러Zig Ziglar는 그의 저서 〈정상에서 만납시다〉(산수야, 2008)에서 성공에 이르는 길에는 엘리베이터가 없다고 말했다. 한 계단 한 계단씩 올라가는 방법 이외에는 없다는 것이다. 투자도 마찬가지이다. 천천히, 꾸준히 걸어간 사람만이 성공에 이를 수 있다.

투자에서 멀어질 수 없는
환경을 만들어라

재레드 다이아몬드Jared Diamond는 〈총, 균, 쇠〉(문학사상사, 2005)에서 인류는 환경에 적응하며 살아왔다고 말한다. 아무리 인간이 똑똑하다고 해도 환경의 영향으로부터 자유로울 수는 없다는 것이다. 그저 자신이 처한 상황에 맞는 행동과 사고를 하며 살아갈 뿐이기에, 누구든 자신을 바꾸고 싶다면 주변 환경부터 변화시켜야 한다.

투자를 하겠다고 마음먹고도 제대로 실천하지 못하는 사람들이 있다. 돈을 벌고 싶다는 마음만 앞설 뿐, 그에 상응한 노력을 행동으로 옮기지 못하는 것이다. 꾸준히 투자처를 찾고 공부하고 전략을 세우는 것은 고사하고 투자할 분야에 대한 고민조차 제대로 하지 않는다. 이런 사람일수록 우연히 듣게 된 '대박 정보'에 혹해 다짜고짜 투자했다가 낭패를 볼 가능성이 높다.

투자를 하기로 결심했다면 일단 실천을 이끌어낼 수 있는 환경을 만들어야 한다. 아무리 결심을 했다고 해도 머릿속에 든 생각을 행동으로 옮기기란 쉽지 않다. 진짜 성과를 내고 싶다면 목표를 이룰 때까지 끊임없이 동기 부여 시켜줄 환경을 만들어야 한다.

환경을 바꾸면 결과도 바뀐다

필자 역시 지금의 투자 방식은 투자를 처음 시작했을 당시의 환경에 많은 영향을 받았다. 처음에는 무엇을 어떻게 공부하고 투자해야 하는지 전혀 몰랐다. 그렇게 고민을 하던 중 '투자는 자신과의 싸움'이라는 데 생각이 닿았고, 나폴레온 힐Napoleon Hill이나 브라이언 트레이시Brian Tracy 등 성공학 작가들의 책들을 읽으면서 부자가 된다는 것에 대한 개념 정리부터 했다.

그리고 본격적으로 투자의 전략을 찾아보는 과정에서 우연히 '가치투자'라는 것을 알게 되었다. 가치투자, 성장주투자, 차트투자 등에 대해 전혀 알지 못했던 시절이었다. 그 이후 '가치'라는 단어가 들어간 주식 책만 읽었다. 가치투자는 개별 기업의 내재가치를 파악하는 것이 핵심인데, 처음에는 감도 잘 잡히지 않고 너무 막연해서 이해하기가 어려웠다. 결국 재무제표와 관련된 책을 찾아서 읽기 시작했고, 재무제표에 드러난 기업의 실적과 이익을 근거로 투자 결정을 내려야 한다는 기본 지식을 갖게 되었다.

만약 당시에 기업의 가치보다는 사람들의 심리와 가격의 추세에 따라 투자하는 제시 리버모어의 〈주식매매하는 법〉(이레미디어, 2007)이나 〈어느 주식투자자의 회상〉(이레미디어, 2010), 박스 이론을 통해 차트투자를 했던 니콜라스 다비스Nicolas Darvas의 〈나는 주식투자로 250

만불을 벌었다〉(국일증권경제연구소, 2003)와 같은 주식 책을 먼저 접했다면 필자의 투자 스타일은 완전히 달라졌을 것이다. 랄프 N. 엘리어트Ralph N. Elliott의 〈엘리어트 파동이론〉(이레미디어, 2006)과 같은 투자서를 봤다면 가치투자가 아니라 기술적 분석을 통해 투자하고 있을지도 모른다.

투자에서 멀어지지 않는 방법

가치투자는 기술적 분석을 바탕으로 하는 투자와 달라서 하루 종일 주식 시장을 들여다볼 필요는 없다. 회사의 가치를 파악하여 현재 주가와의 차이를 근거로 투자하는 것이므로 잠깐씩 시간을 내어 재무제표를 보고 분석하면 된다.

하지만 바쁜 스케줄에 맞춰 살다 보면 재무제표를 분석하고 보고서를 읽는 시간을 낸다는 것도 쉽지가 않다. 그리고 따로 시간을 내야 한다고 생각하면 자꾸 미루게 된다. 이럴 때는 행동을 이끌어내는 환경을 조성하는 것이 필요하다. 출력한 재무제표를 가지고 다니면서 언제든 읽을 수 있는 환경을 만드는 것이다. 늘 가지고 다니다 보면 시간이 남을 때마다 꺼내서 보게 된다. 눈에 띄는 곳에 놓여 있으니 읽게 되는 것이다.

필자의 지인은 부동산 투자의 동기 부여 도구로 액자를 이용했다. 액자에 가족이나 자신의 사진을 넣는 대신 등기권리증을 넣어둔 것이다. 열 개의 액자를 산 그는 부동산을 낙찰받아 잔금을 치른 후에 등기권리증이 나오면 액자에 하나씩 넣었다. 그는 집에서 빈둥거리다가도 벽에 걸린 빈 액자를 보면 '이럴 때가 아니지!' 하는 생각이 들어서 자리를 털고 일어나 현장조사를 하거나 물건 검색을 했다고 한다. 빈 액자가 그를 움직이게 하는 원동력이 된 것이다. 그는 첫 번째 등기권리증을 액자에 넣은 뒤로 1년이 조금 넘어서 열 개의 액자를 전부 채울 수 있었다.

결코 흔들리지 않는 강인한 정신력의 소유자가 아니라면 투자 의욕을 북돋워주는 환경을 만드는 것이 좋다. 부동산 경매를 하는 사람이라면 시작 페이지를 유료 경매 사이트나 대법원 옥션으로 변경할 수도 있고, 주식 투자를 하는 사람이라면 자신이 관심을 두고 있는 회사와 관련된 소식을 메일로 받으면서 매일같이 관련 소식에 귀 기울일 수 있도록 하는 방법이 있다.

투자에서 멀어질 수 없는 환경을 조성하라. 말로 백 번 다짐하는 것보다 벽에 걸린 빈 액자 열 개가 더 큰 힘을 발휘한다.

자신만의
투자 스타일을 찾아라

투자를 이제 막 시작한 사람들은 자신보다 투자 잘하는 사람들의 이야기에 귀를 기울이고 그들의 행동에 주목한다. '고수'라고 불리는 사람들이 하는 이야기라면 무엇이라도 하나 더 건져야겠다는 생각에 스펀지처럼 흡수한다. 모르는 것투성이인 데다 제대로 된 지식이나 방법, 경험을 가지고 있지 않으므로 고수의 이야기라면 일단 신기해하며 감탄에 젖는다. 비록 아는 바가 많지 않아서 이해는 잘 되지 않지만 뭐든 다 뼈와 살이 되는 말씀이라 여기고 새겨듣는다.

투자 스타일에는 자신의 성격이 묻어나게 되어 있다. 따라서 개인의 개성과 상황을 무시하고 고수의 방법이라는 이유만으로 단순히 따라 하면 실패할 수밖에 없다. 자기만큼 자신에 대해 잘 알고 있는 사람은 없다. 그렇기에 투자를 결정할 때나, 투자를 한 뒤에 보유하는 동안이나, 투자 매도를 결정할 때나 자신의 장점은 살리고 단점은 보완하는 방향으로 투자 전략을 세워야 한다.

절대적인 투자 비법은 없다

앉아서 공부하기보다는 한 사람이라도 더 만나서 다양한 정보를 듣고 직접 현장에 돌아다니기 좋아하는 성격의 후배가 있었다. 워낙 적극적인 성격인 데다 활동적이다 보니 투자 스타일도 약간 무모했다. 그 후배는 한창 부동산 경기가 좋던 2006년에 신도시 아파트 분양에 적극적으로 뛰어들어 한 채를 분양받았다. 차분히 더 알아보라고 충고했지만, 강남과 가까운 데다가 생활시설이 벌써 하나둘씩 들어서는 중이었으므로 가지고 있으면 무조건 돈이 된다고 판단하여 투자를 결정했다.

하지만 2008년 금융위기 이후 부동산 가격이 떨어지기 시작했다. 분양받은 아파트는 기반시설도 갖춰지지 않았던 탓에 분양가에서 무려 5000만 원이나 떨어졌다. 결국 후배는 눈물을 머금고 6000만 원을 손해 보는 선에서 팔고 나왔다.

그러나 이 후배가 늘 실패만 한 것은 아니었다. 필자의 경우에는 신중한 성격이라서 투자할 물건을 발견해도 요모조모 따져보다가 놓치기 일쑤인데, 이 후배는 필자가 놓친 기회를 과감하게 잡고 투자를 하여 큰돈을 벌기도 했다.

신도시에 택지지구가 나와 땅을 구입했을 때가 그랬다. 필자는 택지지구에 어느 정도의 규모로 건물이 들어설 것인지, 향후 중심 시가지에 어떤 식으로 생활 편의시설이 갖춰질 것인지부터 제대로 파악한 후에 투자해야 한다고 충고했다. 그러나 그 후배는 구입할 택지지구 바로 앞에 아파트가 이미 들어서 있는 데다 터미널에서 차로 10

분 거리이므로 이것저것 재다가는 다른 사람들이 먼저 선점할 가능성이 있다며 서둘렀다. 매일같이 택지지구를 돌아다니며 알아보더니 끝내는 대출을 50%나 받고 평당 200만 원에 100평을 구입했다.

후배는 건물 올릴 자본은 조달하지 못해 일단 토지만 구입한 상태였는데, 주변에 하나둘씩 건물이 들어서면서 상권이 조성될 조짐이 보이자 후배에게 토지를 팔라는 연락이 오기 시작했다. 건축할 자본이 없었던 후배는 평당 250만 원을 받고 땅을 팔았다. 1년도 되지 않아서 5000만 원의 수익을 낸 것이다. 차분히 앉아서 알아보기만 했다면 절대로 이익을 볼 수 없었을 것이다.

절대적인 투자 비법이 따로 있는 것은 아니다. 자신의 성격과 장단점을 파악하고 그에 맞는 전략을 찾아야 한다. 그래야 효율적으로 움직일 수 있고 실수할 경우에 대비할 수 있다. 모두에게 절대적으로 딱 들어맞는 투자 비법이란 없다.

경제 흐름 분석은
투자의 기본이다

전 세계에서 우리나라에만 존재하는 제도가 있다. 바로 전세제도이다. 외국에서 '임대차'라는 것은 임차인이 월세를 내고 임대인은 월세를 받는 구조로 되어 있다. 1년치 월세를 한 번에 내기도 하고 보증금을 걸어둔 뒤에 매달 월세를 내기도 하지만, 보증금을 걸어두는 경우에도 이는 월세를 내지 못했을 때 차감하기 위한 것이므로 전세보증금과는 다르다.

우리나라는 지금까지 월세보다는 전세를 선호했다. 전세제도의 장점은 큰돈이 없어도 집을 구입할 수 있다는 것이다. 2억 원짜리 아파트에 전세 1억 5000만 원을 놓으면 5000만 원만 있어도 2억 원짜리 아파트를 구입할 수 있고, 이렇게 전세를 끼고 구입한 뒤 집값이 올랐을 때 되팔면 시세차익을 얻을 수 있다. 과거에는 이런 방식으로 부자가 된 사람들이 많았다.

그러나 지금은 부동산 경기 침체가 길게 이어지고 있어서 부동산 매매로 시세차익을 보기가 어렵다. 전세를 끼고 집을 장만하는 것도 힘들어졌다. 경기가 좋을 때는 앞서 말한 바와 같이 돈이 없어도 전세를 끼면 주택을 싸게 구입할 수 있었다. 대출을 받는다 해도 몇 년 가지고 있다가 오른 가격에 팔면 대출받은 원금에 납입한 이자를 합친 것보다 훨씬 많은 금액을 벌 수 있었다. 하지만 지금은 시세차익이 나지 않기에 이런 방식으로는 집을 장만하기가 어렵다.

불확실한 시장에 기대어 집을 구입하기보다 자산을 안전하게 지키려는 사람들이 많아지면서 매매가는 떨어지는 한편 전세가는 점점 더 오르고 있다. 최근에는 전세가가 매매가를 상회한다는 소식까지 종종 들린다. 매매가가 2억 원인데 2억 1000만 원을 보증금으로 주고 전세로 산다는 것이다. 2억 원으로 주택을 구입하면 집값이 떨어졌을 때 손해를 보지만 2억 1000만 원으로 전세를 살면 시장 상황과 관계없이 나중에 그 돈을 고스란히 돌려받을 수 있다는 논리다.

상황이 이렇다 보니 부동산으로 수익을 내려는 투자자들 역시 시세차익보다는 임대수익이 나는 물건을 선호하고 있다. 월세라도 받으면서 생활비에 보태 쓰자는 생각이 강해진 것이다. 많은 투자자들이 은행 금리보다 높은 6~8% 정도의 임대수익을 낼 수 있는 부동산 매물을 찾는다. 경제 상황에 따라 투자 방식이 달라지는 것이다.

환경은 계속해서 변한다

종합주가 지수 500~1000포인트에 갇혀 있던 대한민국은 2005년부터 1000포인트를 돌파하여 2000포인트까지 올라갔다. 주로 미국에 수출을 하며 내실을 다져온 우리나라는 전 세계적으로 수출을 확장하며 급격히 성장했는데, 그중에서도 경제 성장과 함께 소비량이 늘어난 중국에 수출을 하면서 높은 수익률을 올려왔다.

그런데 2003년부터 2007년까지 줄곧 두 자리 수를 기록하며 상승세를 이어갔던 중국의 경제성장률이 2008년에 급격히 하락하여 9%대로 떨어졌다. 이후 하락세를 이어갔으며, 세계은행에서는 2013년 중국의 경제성장률이 7.5% 정도를 기록할 것으로 전망했다. 이러한 중국 경제의 영향으로 당분간 우리나라 기업들의 이익도 다소 줄어들 것으로 예측된다.

주가는 기업의 실적에 수렴한다는 관점에서 볼 때, 과거와 같은 이익을 매년 낼 수 있는 기업은 많지 않을 것이다. 부동산 시장의 투자 흐름이 시세차익에서 임대수익으로 전환된 것과 같이, 주식 투자도 주가의 시세차익보다는 배당수익의 관점에서 봐야 한다.

이처럼 투자 방식은 경제 흐름의 변화에 큰 영향을 받는다. 역사는 반복된다는 점에서 볼 때 언젠가는 또 시세차익을 노리는 투자로 변할 수 있지만 지금은 임대수익이나 배당수익에 집중을 해야 잃지 않는 투자를 할 수 있다. 부동산 투자의 경우 임대수익을 지속적으로 얻을 수 있는 환경인지 면밀하게 따져봐야 하고, 주식 투자의 경우 해당 기업이 배당을 지속적으로 할 수 있는 능력을 갖추고 있는지를 따져가며 투자를 해야 한다. 언제 또 돈의 흐름이 바뀔지 모르므로 늘 세계 경제의 흐름을 주시해야 한다. 지구 반대편에서 일어나는 일이 내일 당장 나에게 영향을 미칠 수도 있다.

사회 변화에서
투자 포인트를 찾아라

IMF 사태 직후에는 대부분의 사람들이 주택은 거주의 공간일 뿐 소유하는 물건이 아니라고 생각했다. 그리고 이런 의식과 함께 미분양이 속출했다. 미분양 사태가 국가 경제적인 문제로 확대되자 정부는 투기 억제를 목적으로 도입되었던 각종 부동산 규제를 전면 완화시켰다. 분양가 전면 자율화, 양도세 한시적 면제, 분양권 전매 허용, 토지거래 허가 및 신고제 폐지, 택지소유상한제 폐지, 민영 아파트 재당첨 제한기간 폐지, 무주택 우선공급제도 폐지 등 부동산과 관련한 제도 전반을 손보는 데 이르렀다.

당시 많은 사람들이 부동산 시장을 굉장히 비관적으로 전망했다. 현재는 고가 주택의 대명사가 된 타워팰리스도 당시에는 미분양이 속출해서 회사 직원들이 울며 겨자 먹기로 매수했다는 소문도 있었다. 그러나 몇몇 사람들은 일시적인 문제라 여기고 폭락한 주택을 구입했다. 여러 징후를 읽고 부동산 시장의 분위기가 곧 반전될 것이라 생각해 투자에 나선 것이다. 그 후에는 다들 아는 것처럼 부동산 가격이 어마어마하게 올랐고 큰돈을 번 사람들이 등장했다.

투자라는 지적 게임

지금 우리 사회에는 어떤 변화의 바람이 불고 있을까. 2013년 현재 국내 1인 가구는 전체 인구의 25% 가량을 차지하고 있다. 이에 따라 10~15평 주택의 수요가 늘어나고, 가볍게 장을 볼 수 있는 편의점이 우후죽순으로 생기고 있으며, 간단하게 먹을 수 있는 테이크아웃 음식들이 쏟아져 나오고 있다.

또한 우리나라는 65세 이상 인구의 비율이 높아지는 고령화 사회가 되고 있다. 그리고 나이에 0.7세를 곱해야 실제 나이라는 이야기가 돌 정도로 60~70세에도 정정한 노인들이 많아지고 있다. 이들은 둘, 혹은 혼자서 20평대의 주택에 살며 각종 아웃도어 옷을 구입하고 많은 병원비를 지출한다.

이러한 사회 변화는 투자에 관한 다양한 힌트를 준다. 투자처는 우리가 사는 세상과는 전혀 상관없는 곳에 있는 동 떨어진 것이 아니다. 신문만 봐도 현재 벌어지고 있는 사회의 변화를 알 수 있다.

듣기 싫고 보기 싫은 정치인들의 행보를 눈여겨봐야 하는 것도 마찬가지 이유다. 그들이 펴내는 정책은 투자 전략에 엄청난 영향을 미친다. 재무제표를 보는 환경이 달라진다거나 취득세, 양도소득세 등의 세금 체계가 변하면 그에 따라 투자 전략도 바꿔야 한다. 살아남기 위해서는 끊임없이 움직일 수밖에 없다.

남들이 보지 못하는 것을 보는 것이 중요한 것이 아니라 남들이 모두 보는 것에서 투자 포인트를 찾아내야 한다. 그것이 바로 투자의 성공 비결이다. 작년과 올해의 사회 분위기는 분명히 다르다. 내년에는 또 달라질 것이다. 잠시도 가만있으면 안 된다. 사회 변화를 포착하는 순간, 투자는 재미있는 지적 게임이 된다.

기회는
가까운 곳에 있다

투자는 특별한 사람만 할 수 있는 것이 아니다. 고도의 집중력으로 모든 조건을 검토하고 검증할 수 있는 사람만 하는 것은 아니라는 뜻이다. 주변에서 벌어지는 다양한 사건과 사고, 이슈, 우리가 자주 가는 장소나 먹는 음식, 유행하는 문화만 주위 깊게 들여다봐도 투자처를 충분히 찾을 수 있다.

지하철을 타면 많은 사람들이 스마트폰을 쥐고 있다. 그리고 거의 대부분이 게임 삼매경에 빠져 있는데, 여기에서도 트렌드를 읽고 투자의 힌트를 얻을 수 있다. '다함께 차차차'라는 게임이 유행하던 시절, 지하철을 탄 거의 모든 사람들이 이 게임을 했다. 당시에 CJ E&M의 주가는 이 게임의 인기와 함께 오르기 시작했다. 이렇듯 사람들이 즐기는 게임에 관심을 가지는 것만으로도 얼마든지 실생활에서 투자의 기회를 찾아낼 수 있다.

트렌드에 단서가 있다

커피는 많은 사람들이 즐기는 음식 중의 하나이다. 점심값만큼 비싼 커피를 마시는 이들도 있지만 대체로 사무실이나 집에서는 봉지 커피라고 불리는 일회용 커피를 마신다.

일회용 커피 시장의 절대 강자는 동서식품의 맥심이다. 맥심은 국내 일회용 커피 시장의 80% 이상을 차지하면서 압도적인 점유율을 기록해왔는데, 한때는 남양유업의 공격적인 마케팅 때문에 시장을 조금씩 빼앗기기도 했다.

그러던 중 2013년 5월 남양유업의 갑을 문제가 터지면서 TV 뉴스, 신문 등 각종 매체에 이 문제가 연일 오르내렸다. 대리점에 대한 부당한 영업 실태가 '욕설 녹취'와 함께 공개되면서 대중의 분노를 샀던 것이다. 그러자 동서식품의 계열사인 동서의 주가가 오르기 시작했다. 사건이 터지기 직전인 2013년 5월 2일에 2만 6900원이었던 주가는 일주일 만에 3만 1000원으로 올랐다. 남양유업 사건이 터진 직후에 동서의 주식을 산 사람들은 큰 수익을 냈다.

반면 남양유업의 주가는 같은 기간 동안 114만 9000원에서 101만 1000원으로 하락하였다. 일주일 동안 13만 원 가까이 손해를 본 것이다. 이 사건으로 브랜드 이미지에 막대한 타격을 입은 남양유업은 이후로도 계속해서 하락세를 이어가고 있다.

투자는 거창한 것이라는 착각

대형마트는 장 보러 가는 장소이기도 하지만 다양한 투자거리가 넘치는 곳이기도 하다. 대형마트에 가면 다양한 코너가 곳곳에 배치되어 있는데, 그중에서도 유난히 많은 공간을 차지하고 있는 매대에 어느 회사의 제품이 올라와 있는지를 살펴보면서 투자처를 찾을 수 있다. 공격적인 마케팅을 하고 있다면 회사 차원에서 매출을 증대하기 위한 전략을 세웠을 가능성이 크다.

한 회사의 주가는 결국 매출과 이익에 따라 움직인다. 이 점을 늘 기억하고 있으면 대형마트에 갔을 때 단순히 장만 보는 것이 아니라 다양한 투자 힌트까지 얻을 수 있다. 대형마트에서 사람들이 유난히 많이 사는 제품이 어떤 것인지 파악하는 것도 방법이다. 많은 사람들이 선호하는 만큼 그 제품의 매출은 올라갈 것이고, 매출이 올라가면 필연적으로 이익이 올라 주가도 함께 올라가게 되어 있다.

이 같은 투자 전략은 부동산 투자를 할 때도 적용된다. 흔히 부동산 투자를 하려면 자신이 사는 지역부터 살피라는 이야기를 한다. 자신이 잘 아는 곳에서부터 시작하라는 것이다. 각종 편의시설은 어디에 있으며 교통편은 어떻게 되는지, 교육 환경은 어떤지 등을 따졌을 때 어떤 주택을 사람들이 더 선호하는지 알 수 있다. 이런 정보는 실생활에서도 얼마든지 얻을 수 있다. 이래도 투자는 어렵다고 생각하는가?

투자를 자신의 삶과 별개로 보는 사람들은 투자를 거창하고 대단한 것으로 착각하는 경향이 있다. 하지만 이것은 잘못된 생각이다.

우리 주변에서 벌어지는 다양한 사건과 이슈를 자세하게 살펴보는 것만으로도 얼마든지 투자의 기회를 잡을 수 있다. 물론 일시적인 유행만 좇는 투자는 경계해야 한다. 트렌드라고 해서 자세히 알아보지도 않고 조급하게 뛰어든다면 투자의 쓴맛만 보고 돌아서게 될 것이다. 트렌드의 이면을 냉정하게 분석하고 이를 투자 전략으로 확장시킬 준비가 되어 있다면, 가까운 곳부터 관심을 가지고 둘러보는 것은 투자의 아이디어를 얻는 좋은 습관이 된다.

장기적으로 봐야
투자 가치가 보인다

투자에서 시간은 수익과 정비례 관계로 연결되어 있다. 그런데 많은 사람들이 시간과 수익의 관계를 반대로 생각한다. 성공적인 투자는 누가 더 장기적인 관점을 가지고 많은 시간에 투자할 수 있느냐의 여부에 달려 있는데, 짧은 시간 안에 이익을 보겠다는 생각에 시간에 투자하지 않다가 실패를 맛보는 것이다. 시간을 효율적으로 쓰는 것은 물론 중요하지만 투자로 시간을 단축하여 이익을 보겠다는 것은 위험한 발상이다. 조급해하는 사람은 전체를 보지 못하고 당장 눈앞에 당면한 문제에만 집중하게 되어 시야가 좁아진다. 그래서 충분히 기다리면 해결 가능한 문제임에도 시간을 내 편으로 만들지 못 해 손해를 본다.

〈돈, 뜨겁게 사랑하고 차갑게 다루어라〉(미래의창, 2005)의 저자 앙드레 코스톨라니는 '유럽의 워런 버핏'이라고 할 만큼 유럽에서 오랫동안 이름을 날린 전설적인 투자자다. 그는 가치보다는 심리와 시세를 통한 투자를 주로 했는데, 가장 대표적인 말 중의 하나가 "국제적인 우량주에 해당하는 주식을 몇 종목 산 다음, 약국에 가서 수면제를 사먹고 몇 년 동안 푹 자라"라는 말이다. 시간에 대한 투자를 이보다 잘 표현한 말은 없을 것이다.

물론 '시간에 투자하라'는 것이 '투자금을 한곳에 묻어두라'는 뜻은 아니다. 장기적인 관점에서 투자를 하라는 것이다. 부동산 경매에서 매물을 매수할 때 최소 5년은 보유한다는 관점에서 입찰하는 사람과 즉시 팔려는 사람의 전략은 다를 수밖에 없다. 주식 투자의 경우 장기적인 관점으로 볼 때만 우상향하는 차트가 눈에 보인다. 3~5년 이상의 장기적인 관점에서 투자를 하면 기업을 바라보는 눈이 달라지고 현재의 주가를 보는 시선도 달라진다. 성공한 사람들의 비밀은 바로 여기에 있다.

사람들은 현재 눈앞에 보이는 가격에만 연연하고 수량으로 잴 수 없는 가치에는 주목하지 않는 경향이 있다. 그러나 주인과 산책을 하는 강아지는 주인의 주위를 배회하며 앞서거니 뒤서거니 하지만 결국 주인이 걷는 코스와 속도에 맞춰 간다는 앙드레 코스톨라니의 비유처럼, 올바른 가치를 가진 투자처는 결국 현재의 가격과 상관없이 지속적인 가격 상승을 보여준다.

투자에 지름길은 없다

국내 가치투자의 1세대라고 할 수 있는 이채원 한국투자밸류자산운용 부사장의 사례를 보자. 1999년 벤처 붐이 일어날 당시 대부분의 사람들은 새롬기술처럼 정부에서 밀어주고 신기술을 선보이는 IT기업에 투자해서 높은 수익을 냈다. 하지만 이채원 부사장은 대세에 흔들리지 않고 농심, 유한양행, 롯데칠성과 같이 새롭지는 않지만 꾸준하게 매출이 올라가고 이익을 내는 회사에 투자 했다.

당시 그에게 투자금을 맡긴 많은 사람들은 이름만 들어도 알 만한 유명한 IT기업에 투자를 하라며 원성이 자자했다. 하지만 이채원 부사장은 당장의 주가에 흔들리지 않고 기업의 매출과 향후 전망을 기준으로 속이 알찬 기업들에 지속적으로 투자를 했다. 그러다 결국 투자자들의 요구에 따라 그는 어쩔 수 없이 투자일선에서 물러나게 되었다.

그 후에 벤처 붐이 꺼지면서 새롬기술처럼 화려한 청사진만 보여줄 뿐 실속이 없었던 기업들은 상장폐지를 당하거나 주가가 최고가격에 비해 몇 십 배까지 떨어졌다. 그러나 2000년 김남구 한국금융지주 부회장의 권유로 동양증권의 고유 계정으로 운영에 나선 그는 6년간 435%의 운용수익을 올리며 가치투자의 힘을 증명했다. 이채원 부사장이 매수했던 기업들의 주가는 이후 흔들리지 않고 올라갔다. 매수 당시 10만 원도 하지 않았던 롯데칠성의 주가는 한때 170만 원대까지 올라갔다.

2006년에 그는 한국투자밸류자산운용을 설립하였다. 그리고 자신이 과거에 실패했던 이유가 투자자들의 단기적인 시각 때문이라고 판단하여, 10년간 믿고 투자할 사람만 받는 10년투자펀드를 선보였다. 이 펀드는 최소 3년간 환매에 제약을 두었지만 그럼에도 불구하고 수많은 사람들이 투자금을 맡겼다. 2006년 첫 선을 보인 이래로 2013년 현재 만 7년이 된 10년투자펀드는 누적수익률 130%를 기록하고 있다.

시간에 투자하는 것만이 투자를 성공으로 이끈다. 시간을 들이지 않고 투자에 성공하기를 바라는 것은 투자의 결과를 운에 맡기는 것이나 다름없다. 힘들게 모은 종잣돈을 운에 맡길 수는 없지 않은가. 성공에 이르는 평탄 대로는 없다는 걸 우리는 모두 알고 있다. 지름길은 더더욱 없다. 심지어 바로 눈앞에 두고 돌아가야만 할 때도 있다. 이런 순간에도 흔들리지 않고 끝까지 완주하기 위해서는 시간에 투자하겠다는 장기적인 시각이 필요하다. 기억하라. 시간은 당신이 생각한 것보다 훨씬 빠르게 흘러갈 것이다.

5장

평생
월급 보장
프로젝트

돈이란 헛된 기대에 부푼 도박꾼에게서 나와
정확한 확률을 아는 사람에게로 흘러들어간다.

랄프 웬저 Ralph Wanger

부자들은
어떻게 투자할까?

여기 A와 B, 두 사람이 있다. 둘 다 똑같이 1000만 원을 투자했지만 A는 전 재산 1억 원 중의 10%를 투자한 것이고, B는 이 1000만 원이 가진 돈의 전부이다. 이럴 경우 투자한 액수는 똑같지만 투자 대상을 바라보는 시선에서는 엄청난 차이가 생긴다.

A와 B 모두 50%의 수익이 났을 경우를 보자. A는 전 재산인 1억 원에서 겨우 5%의 수익이 난 것이지만, B는 전 재산에서 50%의 수익이 난 것이므로 A보다 훨씬 더 극적인 기쁨을 느끼게 된다. 몇 번만 더 성공하면 부자가 되는 것은 금방이라고 생각하게 된다.

문제는 손해가 날 때이다. 투자금이 500만 원으로 반 토막이 되었을 때, A는 전 재산의 10%에서 손해가 난 것일 뿐이므로 상대적으로 여유롭게 때를 기다릴 수 있지만, B는 전 재산을 투자한 것이기에 매우 조급해진다. 재산이 반으로 줄었는데 어떻게 침착할 수 있겠는가.

투자를 하다 보면 언제든지 일시적으로 손해가 날 수 있다. 중요한 것은 어떻게 대응하느냐이다. 투자 대상의 본질이 변하지 않은 상태에서 일시적으로 나타나는 현상이라면 상황이 나아질 때까지 기다리면 된다. 매도하기 전에는 아직 손해가 난 것이 아니기 때문이다.

A의 경우 전체 자산에서 일부만 투자한 것이기에 기다릴 수 있는 여유가 있다. 다른 곳에도 투자하고 있고 여윳돈도 있는 상태이므로 타격은 그리 심하지 않다. 반면에 가진 자산을 모두 투자한 B에게 여유는 없다. 이익이 나면 나는 대로, 손해가 나면 나는 대로 더 떨어질까 봐 마음이 조급해져 매도하기 바쁘다.

손해를 최소화하겠다는 자세

부자라고 해서 늘 투자에 성공하는 것은 아니다. 부자들도 실패한다. 다만 상대적으로 성공할 확률이 높을 뿐이다. 앞에서 살펴본 A의 경우처럼 투자금을 한곳에 몰아넣지 않고 분산하는 등 혹시 실패하더라도 자신의 모든 것이 무너지지 않도록 손해를 최소화시킨다. 이것이 바로 부자들의 투자 방법이다.

또한 부자들은 모든 기회를 한꺼번에 다 잡으려고 하지 않는다. 수익이 날 가능성이 있는 단 한 번의 기회를 제대로 잡아서 투자한다. 이 역시 여유를 가지고 참고 또 참으면서 기다릴 줄 아는 사람만이 가능한 투자 방법이다. 적당한 기회를 기다릴 줄 알아야만 큰 이익을 볼 수 있다.

부동산 경매는 한 번 유찰될 때마다 감정가의 20% 내지 30%씩 저감되어 입찰이 이뤄진다. 특별한 이유도 없이 단 한 명의 투자자도 입찰하지 않는 경우가 있는데, 이런 물건만 골라서 입찰하는 투자자도 있다. 최저가를 쓰고 낙찰될 때까지 꾸준히 입찰하는 것이다. 열 번, 스무 번을 하더라도 절대 입찰 가격을 올리지 않고 될 때까지 한다. 낙찰받지 못해 쓸쓸한 마음이 들더라도 딱 한 번만 낙찰받으면 된다는 생각으로 마음을 진정시키고 적당한 기회를 노려 실패율을 낮추고 성공 가능성은 높인다.

부자들이 여유 있게 투자할 수 있는 것은 자본의 힘 때문이기도 하지만, 관심이 가는 투자처를 평소에 꾸준히 지켜보면서 전략을 세우고 기회가 오기를 기다리다가 확신이 생겼을 때 투자를 하기 때문에 가능한 일이기도 하다. 지금 당장 기회를 잡아서 '한 방'에 일확천금을 얻겠다는 태도가 아니라 꾸준히 수익을 내겠다는 마음으로 여유를 가지고 투자를 준비할 때, 가장 좋은 기회를 움켜쥘 수 있다.

투자를 하다 보면 손해가 날 수도, 이익이 날 수도 있다. '절대 손해 보지 않겠다'라는 자세보다 '손해를 최소화하겠다'라는 태도로 자신에게 다가오는 기회들을 분석하고 전략을 세워야 한다.

반드시
매월 흑자 경영하라

'세계에서 가장 많이 팔린 재테크서'로 알려진 〈부자 아빠 가난한 아빠〉는 '현금 흐름'의 중요성을 강조한다. 성공적인 투자를 하기 위해서는 현금이 끊임없이 흐르도록 해야 한다는 그의 메시지는 많은 투자자들에게 영감을 주었다.

1997년 IMF 사태 때 많은 기업들이 부도가 났다. 대부분은 회사 운영에 문제가 있어서 부도가 난 것이었지만 현금 흐름이 원활하지 못해 흑자부도가 난 경우도 있었다. 매출도 꾸준하고 영업이익도 났음에도 보유 현금이 전혀 없었던 것이다. 아무리 이익을 내고 있는 회사라고 해도 받아야 할 돈을 받지 못해서 줘야 할 돈을 제때 주지 못하면 회사는 '급체'한다. 아무리 탄탄한 회사라 해도 별수 없다.

현금 흐름이 중요한 것은 국가도 마찬가지다. 우리나라가 IMF 사태를 겪게 되었던 원인은 당시 국가에서 가용할 수 있는 달러가 전혀 없었기 때문이었다. 한국은행에서 돈을 찍어내도 외국과의 거래에는 기축통화인 달러가 필요한데 달러가 바닥났던 것이다.

투자를 통해 꾸준히 수익을 냄으로써 후천적 부를 얻고자 하는 사람에게 손실보다 더 무서운 것은 현금 흐름이 막히는 것이다. 고정적으로 나가는 지출 비용을 감당하지 못하면 안정적인 생활을 유지하지 못하는 것은 물론 투자의 기회도 잡기 어려워진다. 대출을 받은 경우라면 대출이자를 연체하다가 신용불량자가 되어 회복할 수 없는 상황으로 추락할 수도 있다. 파산한 사람들 중에는 억 단위의 대출금이 아니라 몇 십만 원 단위의 대출이자 때문에 수렁으로 빠지게 된 경우가 많다. 투자 잘하기로 유명하던 투자자가 갑자기 사라지는 이유도 대부분은 대출이자 낼 돈을 융통하지 못해서이다.

지출금 관리는 필수

현금 흐름을 원활하게 하기 위해서는 매월 수익을 내는 '흑자 경영'을 해야 한다. 지출보다 수익이 많은 구조를 만드는 것이다. 따라서 수익 목표는 고정지출 비용은 물론, 비상금까지 넉넉하게 계산한 뒤에 이를 바탕으로 세워야 한다. 매월 꾸준히 돈이 들어오는데도 불구하고 지출하는 돈이 그보다 많으면 투자 수익과 상관없이 계속해서 마이너스가 된다.

부동산 투자로 꽤 좋은 수익을 내던 후배 A가 본격적으로 투자를 하겠다며 직장을 때려치우고 2011년 말에 전업투자를 시작했다. 보유 주택에서 나오는 임대수익이 이자를 제하고도 100만 원이 남았기에 투자만으로도 먹고살 수 있다고 판단한 것이다. 그런데 막상 전업 투자를 시작하자 전혀 신경 쓰지 않았던 비용이 문제가 되었다. 월세는 들어오지 않을 때도 있는데 고정적으로 생활비가 나가는 것은 물론이고 자잘한 수리비 등 뜻밖의 지출까지 생긴 것이다.

A는 또 다른 투자를 하려고 했지만 뜻대로 되지 않았다. 오히려 가지고 있는 투자금에서 야금야금 돈을 찾아 쓰는 상황에 이르렀다. 들어오는 수입은 임대수익이 전부인데 매월 쓰는 돈은 여러 군데이다 보니 현금 흐름이 막히게 되었고, 보유 현금이 계속 줄어들어 추가로 투자를 하기는커녕 대출이자도 낼 수 없는 상황에 처했다. A는 결국 다시 직장을 구했다. 지출 비용을 너무 빠듯하게 계산한 탓에 비싼 시행착오를 겪은 것이다.

흑자 경영을 가능하게 하는 제2의 월급

물론 지출금을 철저하게 관리한다고 해도 지출한 만큼 수익이 들어오지 않으면 소용없다. 흑자 경영을 위해서는 고정적으로 돈이 들어오는 수익 구조를 만들어야 한다. '제2의 월급'을 받는 것이다. 배당금이 높은 주식에 투자하는 방법, 채권에 투자해 이자를 받는 방법, 부동산에 투자해 월세를 받는 방법 등 매월 돈이 들어오는 구조를 만드는 투자법은 많다.

한국쉘석유라는 기업이 있다. 윤활유 부분에서 세계 1위인 로얄더치쉘 그룹의 합작사로, 높은 배당금 덕분에 오래전부터 주목받아 왔다. 2009년 초반 7만 원 전후를 보여주던 주가는 2008년 1주당 배당이 6000원이나 되어 배당만으로 8.5% 수익률을 볼 수 있었다. 2009년에는 결산 배당만 2만 원을 받았을 뿐만 아니라 주가도 10만 원을 넘어서 생각지도 못한 시세차익까지 얻었다. 10만 원에 매수를 해도 배당만으로 무려 20% 전후의 높은 수익을 올리는 것이 가능해진 한국쉘석유의 주가는 2013년 11월 11일 현재 46만 5500원이다. 여전히 배당은 매년 2만 원 전후로 지급하고 있다. 제2의 월급으로서 제 역할을 톡톡히 하고 있다.

꾸준히 오랫동안 투자를 하고 싶다면 안정적으로 수익이 나는 구조를 만들어야 한다. 지속적으로 돈이 들어오는 구조는 현금 흐름을 원활하게 해줄 뿐만 아니라 또 다른 투자 기회를 노릴 수 있게 한다. 좋은 기회가 왔을 때 과감하게 투자를 결정할 수 있는 용기도, 미심쩍은 기회는 무시할 수 있는 여유도 흑자 경영에서 나온다. 꾸준한 수입은 안정적인 생활을 가능하게 할뿐만 아니라 투자할 때의 마음가짐에도 긍정적인 영향을 미치는 것이다. '믿는 구석'을 만들어야 이기는 투자를 할 수 있다.

멀리 보면
적은 돈도 불릴 수 있다

　'500떼기' '1000떼기'라는 말이 있다. 부동산 경매 투자를 하는 사람들이 낙찰받자마자 급매로 시장에 내놓아 500만 원이나 1000만 원을 벌 때 쓰는 말이다. 한때는 부동산 경매를 통해 몇 천만 원 정도의 수익을 내기도 했지만 2002년 민사집행법이 제정됨에 따라 부동산 경매가 대중화되면서 예전처럼 높은 수익을 보기가 어려워졌다. 하자가 있는 특수물건을 낙찰받아 처리하는 방법이 있었지만, 이마저도 일반물건처럼 입찰이 들어와 높은 낙찰가로 가져가니 수익률이 떨어졌다. 따라서 이제는 500만 원, 1000만 원 정도만 벌면 만족한다는 뜻으로 500떼기, 1000떼기를 한다고 말한다.

　500떼기라고 해도 1년에 몇 번만 그렇게 하면 큰 수익을 낼 수 있을 것 같아 보이지만, 실제로는 사고파는 데 시간이 걸리기 때문에 1년 동안 처리할 수 있는 횟수는 얼마 되지 않는다. 부동산 경매에 투자하는 사람들 중에는 500떼기, 1000떼기 하는 사람도 드물다.

짧게 보는 사람, 길게 보는 사람

전업으로 부동산 경매에 투자하는 사람들은 단기간에 사고파는 행위를 하지 않는다. 그보다는 긴 호흡으로 입찰을 결정한다. 낙찰받자마자 바로 파는 것보다 임대수익을 받으면서 기다리는 것이 훨씬 이익이 크기 때문이다.

시세차익으로 3000만 원을 낼 수 있는 물건이 있다고 가정해보자. 바로 수익을 내기 위해 이 물건을 낙찰받자마자 다시 내놓는다면 투자수익은 얼마가 될까? 매입한 부동산을 1년 내에 매도하는 경우 시세차익의 50%를 양도소득세로 지불해야 한다. 따라서 수익은 시세차익의 절반인 1500만 원으로 줄어든다. 그리고 매수하는 과정에서 드는 취득세, 법무사 비용, 인테리어 비용, 명도 비용, 매도하는 과정에서 드는 부동산 복비 등으로 1000만 원 가량이 추가로 지출된다. 시세차익이 3000만 원이나 난다고 해도 양도소득세와 기타 비용을 빼고 나면 500만 원의 수익밖에 내지 못하는 것이다.

이 물건을 바로 팔지 않고 임대수익을 받는다면 어떨까. 2년 동안 임대수익을 받은 뒤에 시세차익 3000만 원을 내고 매도한다고 가정해보자. 위와 마찬가지로 매수, 매도하는 과정에서 드는 비용을 1000만 원으로 잡아도 수익은 크게 늘어난다. 현행법상 매입한 지 2년이 넘은 물건의 경우 시세차익 4600만 원까지는 차익의 15%만 양도소득세로 내면 되기에, 1500만 원을 양도소득세로 내는 위의 사례와 달리 450만 원만 지불하면 된다. 게다가 양도소득 기본 공제로 250만 원을 차감받고 취득세와 법무 비용까지 공제까지 받으면 지불할 금액은 더욱 줄어든다.

이처럼 사자마자 팔아야 한다는 관점에서 투자할 때와 최소한 2년은 보유한다는 관점으로 투자할 때는 각각 염두에 두어야 할 사항이 달라진다. 단순히 이익만 따질 것이 아니라 보유하는 동안 수익이 날 수 있는지의 여부까지 꼼꼼하게 따져야 한다. 2년 후에 팔면 당장 팔 경우에 내야 하는 50%의 세금은 내지 않지만, 대출을 받아서 투자한 경우 2년 동안 매월 대출이자를 내야 한다. 이 부분을 미리 계산해두지 않으면 이자를 감당하지 못해 오히려 경매를 당할 수도 있다. 흔히 말하는 '하우스 푸어'가 되는 것이다.

즉시 사고팔 생각으로 취득했지만 갑자기 시장 환경이 변해 팔지 못하는 경우도 있다. 그럴 때는 어쩔 수 없이 임대를 놔야 하는데 처음부터 매매만 염두에 두고 받은 물건은 임대 놓는 것이 쉽지 않아서 진퇴양난에 놓이는 경우가 많다. 처음부터 긴 호흡으로 멀리 내다보고 투자한다면 이런 경우는 없었을 것이다.

멀리 보면 조감도가 보인다

사업이든 투자든 큰 성공을 거두는 사람은 이제 막 태동하여 본격적으로 붐이 일어나기 직전에 놓인 분야에 진입하는 사람들이다. 이들은 당장의 이익을 노리기보다는 긴 안목을 가지고 보다 큰 이익을 회수하기 위해 노력한다.

우리나라의 내수기업은 성장성에 한계가 있다. 따라서 수출기업에 주목할 필요가 있는데, 가능성 있는 수출기업 중 대표적인 곳으로 오리온이 있다. 초코파이로 유명한 이 기업은 초코파이를 만드는 다른 기업들이 내수시장에 치중하며 국내 1등을 차지하기 위해 이전투구를 할 때 과감히 수출을 시작했고, 1997년 중국으로 진출했다.

중국 시장에 진출한 초반에는 브랜드 인지도도 높지 않고 유통 경로도 제대로 확보되지 않아 어려움을 겪었다. 그럼에도 오리온은 수출이 살 길이라 여겨 인지도를 높이고 유통 경로를 확보하는 데 열을 올렸다. 결국 대형마트에서 가장 좋은 판매대를 차지했고, 빨간색으로 포장된 '정情'이라는 브랜드는 먹거리의 대명사가 되어 오리온의 다른 제품까지도 덩달아 팔리게 했다.

2011년 초반에 오리온의 주가는 40만 원대였다. 일반 투자자들에게는 1주에 40만 원이라는 주가도 너무 비싼 것으로 받아들여졌지만 오리온의 성장성은 이때부터 더욱 확대되었다. 우리나라뿐만 아니라 중국에서도 확고부동한 브랜드 인지도를 가지게 되었고, 다양한 유통 경로를 활용하여 1등 자리를 사수할 수 있었다.

13억 인구가 가장 즐겨먹는 과자를 만드는 오리온의 매출과 이익은 쉬지 않고 올라갔다. 오리온의 주가는 40만 원을 훌쩍 넘어 2013년 11월 11일 현재 100만 3000원을 기록하고 있다. 한때는 120만 원까지도 올라갔다. '중국 시장에서의 성공'이라는 조감도를 그리지 않았더라면 결코 매수할 수 없는 종목이다.

코끼리 몸을 볼 것인가, 다리만 볼 것인가

투자할 때 가장 경계해야 할 것은 '치고 빠진다'는 정신이다. 투자는 늘 생각처럼 되지 않는다. 아무리 공부를 하고, 위기에 대비하고, 싼 가격에 매입해도 어떻게 될지 모른다. 싼 가격이라 생각하고 매입했다가 계속 떨어져서 손해를 보는 일이 다반사이다.

긴 안목으로 보면 한때의 변동성은 일시적인 작은 소란에 불과하다. 큰 그림을 그리는 사람은 이럴 때 평정심을 유지하고 냉정하게 상황을 판단할 수 있다. 단기간의 이익을 추구하는 사람치고 투자 의 세계에서 오랫동안 살아남은 사람이 없다. 일시적인 유행처럼 이익을 볼 수는 있어도 긴 안목으로 느긋하게 투자를 한 사람만이 꾸준한 이익을 본다.

코끼리의 몸 전체를 본 사람과 코끼리의 다리만 본 사람이 설명하는 코끼리의 모습은 다를 수밖에 없다. 투자를 할 때도 일부만 보고 판단하지 말고 전체 그림을 그릴 수 있어야 한다. 전체 그림을 보면 눈앞의 단발적인 이익이나 손해에 흔들리지 않는다. 투자는 누가 더 빨리 수익을 보느냐의 게임이 아니다. 전체적인 그림을 그리고 긴 호흡으로 투자할 때 높은 수익을 얻을 수 있다.

싸게 사고
비싸게 파는 법

    투자 고수들은 자신만의 고유한 투자 원칙을 가지고 있다. 이들은 어떤 환경에 놓여도 자신이 정한 원칙은 될 수 있는 한 지키려고 한다. 여러 번의 시행착오를 겪으면서 자신의 원칙을 지키는 것이 손해를 줄이는 가장 좋은 방법이라는 것을 깨달았기 때문이다.

    많은 투자 원칙들이 있지만 그중에서도 모든 사람들이 격하게 동의하는 원칙은 '싸게 사서 비싸게 판다'는 것이다. 영어로는 'Buy Low and Sell High'라고 해서 짧게 'BLASH 법칙'이라고 한다. 참 단순하다. 그저 싸게 산 다음 비싸게 팔면 되는 것이다. 그런데 도대체 왜, 투자로 성공한 사람은 드문 것일까?

'싸다' '비싸다'를 결정하는 기준

투자자들은 BLASH 법칙을 아주 잘 알고 있다. 하지만 '싸다' '비싸다'에 대한 관점이 사람마다, 상황마다 다르기에 문제가 생긴다.

예를 들어 보자. 어떤 라면을 모든 마트에서 늘 1000원에 판다면 누구나 1000원을 적정가격이라고 생각할 것이다. 하지만 다른 마트에서 980원에 파는 것을 본 사람은 어떨까. 20원이 더 비싸다고 생각한다. 또 다른 곳에서 950원에 구입한 사람이 있다면 980원도 비싸다고 생각할 것이다. 반대로 이제부터 모든 라면의 정가를 50원씩 올리겠다는 발표가 나면 한때는 비싸다고 생각했던 1000원도 싸다고 생각해 기꺼이 구입할 수도 있다.

이것이 바로 BLASH 법칙을 지키기 어려운 이유이다. 우리들이 흔히 말하는 가격은 정해진 것이 아니고 영원불변하는 것도 아니다. 언제든지 변한다. 그렇기에 '가치'에 집중하라는 이야기를 한다. 하지만 이 또한 어려운 문제다. 가치는 영원하다는 말인가? 물론 그렇지 않다. 다만 가격에 비해서 가치는 쉽게 변하지 않는 속성이 있기에 가격보다는 믿을 만하다는 것이다. BLASH '법칙'이라고는 하지만 사실 절대적이고 정확한 공식은 없다. 상황에 따라 모든 조건을 따져보고 계산해서 판단해야 한다.

눈에 보이는 숫자가 전부가 아니다

부동산 경매에서 감정가 2억 원에 나온 아파트를 1억 8000만 원에 얻었다면 싸게 얻었다고 생각할 수 있다. 하지만 감정가와 실거래가는 다르다는 사실을 알아야 한다. 부동산 경매에서 감정가는 감정평가사가 책정하는 것이지만 감정한 시점과 법원에 나오는 시점이 6개월에서 1년 정도의 차이가 나서 실거래가와 다를 수 있다. 1억 8000만 원에 낙찰받았어도 현재 실거래되는 가격이 1억 8000만 원이라면 결코 싸게 매수한 것이 아니라는 말이다.

1억 7000만 원에 낙찰받았다면 싸게 산 것일까? 이 또한 따져봐야 한다. 우선 1년 내에 다시 팔아 수익을 남길 목적으로 매입했다면 세금 문제를 생각해볼 수 있다. 매입한 부동산을 1년 내로 팔면 시세차익의 50%를 양도소득세로 지불해야 하기 때문이다. 게다가 매수하는 과정에서 드는 취득세, 법무사 비용, 인테리어 비용, 명도 비용, 매도하는 과정에서 드는 부동산 복비 등으로 1000만 원 가량이 추가로 지출된다.

이렇게 따지면 1억 7000만 원에 매수했어도 실제로 들어간 돈은 1억 8000만 원 가량이 된다. 이런 상황에서 1000만 원의 세금까지 낸다면 이익은커녕 손해를 보게 된다. 실거래가가 1억 8000만 원인 매물이라면 최소한 1억 6000만 원에 사야 각종 비용과 세금을 제하고 조금이라도 이익을 남길 수 있다. 이런 상황을 모르고 단순하게 감정가를 기준으로 매수하면 투자 이익은 내지 못하고 오히려 남 좋은 일만 해준 꼴이 되고 만다. 단순하게 현재의 가격을 기준으로 싼지 비싼지를 판단해서는 안 된다. 투자할 때 들어가는 비용과 나중에 팔 때 들어가는 세금까지 감안해서 평가해야 한다.

주식 투자의 경우에는 기업을 고를 때 매출이나 영업이익이 꾸준히 나고 있는지를 보는데, 주가가 싼지의 여부는 대체적으로 과거 몇 년 동안의 평균 주가수익비율PER 중에 고PER와 저PER을 기준으로 현재의 주가를 계산해보거나, 업종 평균 PER과 대비해서 현재의 주가를 계산해보고 판단한다. 그러나 이것도 절대적인 기준은 아니다.(주가수익비율이란, 주가가 1주당 수익의 몇 배인지를 나타내는 지표이다. 어떤 기업의 주가가 5만 원이고 1주당 수익이 1만 원이라면 PER은 5가 된다.)

　부동산 투자든 주식 투자든 적정 가격에 대한 자신만의 원칙이 있어야 기회를 알아보고 잡을 수 있다. 적정 가격을 판단하는 절대적인 기준이란 없기에, 투자 경험과 지식을 쌓으며 가치를 보는 안목을 키우고 객관적인 조건을 분석해내는 능력을 기르는 것밖에는 방법이 없다. 보다 정확한 기준을 세워 수익률을 높이기 위해서는 한두 가지의 수치에 매몰되지 말고 다각적으로 분석해야 한다.

월급은
후천적 부자로 가는 주춧돌이다

　필자는 현재 개인 블로그를 통해 수강생을 모집하여 부동산 경매 강의를 하고 있다. 부동산 경매에서 꼭 알아야 할 개념이나 정보를 알려주기도 하지만, 경매 투자 시스템의 전반을 아울러 설명하는 데 중점을 두고 임대수익과 매매수익을 활용해 투자를 지속적으로 할 수 있는 방법을 소개한다.

　처음에는 대부분의 사람들이 반신반의한다. 그러나 직접 현장조사를 하고 입찰을 하고 낙찰을 받아 임대를 놓고 나면 자신감을 얻는다. 시스템이 눈에 들어오기 시작하면 자신이 가진 한정된 투자금에 입맛을 다신다. 투자할 물건은 자꾸 보이는데 투자금이 없으니 답답한 것이다.

　수강생들의 투자금은 적으면 500만 원, 많으면 2000만 원 정도이다. 이 정도 금액이면 혼자서 투자할 경우 한두 번 시도하면 현금이 떨어지는 것이 일반적이다. 그런데 한 번 수익을 내고 나면 임대와 매매로 충분히 먹고살 수 있겠다는 자신감이 생겨 전업으로 부동산 경매를 하고 싶다는 마음이 생긴다.

　이런 마음을 가지고 필자에게 상담 요청을 하는 사람들은 필자가 적극적으로 만류하기 때문에 대부분 본업을 유지한다. 하지만 그중에서도 과감하게 지금까지의 일을 그만두고 전업투자자의 길로 나서는 사람들이 있다. 가진 돈은 5000만 원 정도이지만 몇 번 해보니 돈이 보인다며 호기를 부리는 것이다. 이것은 일을 그만두고 전업투자로 전환할 경우 자신에게 닥칠 상황을 생각하지 못해서 생기는 일이다. 매월 고정적으로 지출해야 하는 각종 생활비를 계산해보면 이러한 선택이 결코 옳지 않다는 것을 알게 된다.

전업투자자? 빛 좋은 개살구!

직장 그만두고 남 눈치 볼 것 없이 투자만 하면서 산다고 하면 왠지 멋져 보일 것이다. 하지만 전업투자자 중에서 꾸준하게 이익을 올리는 경우는 그다지 많지 않다. 투자를 하면 수익이 날 수도, 손실이 날 수도 있다. 수익이 난다고 해도 비정기적이다. 월세로 임대수익을 노린다고 해도 대출을 받은 후에 명도를 하고 리모델링하고 월세를 놓을 때까지는 몇 개월이 걸린다. 하지만 대출이자며 생활비는 수익에 상관 없이 매월 꼬박꼬박 나간다. 여유롭게 시간을 활용하며 투자하는 것처럼 보이지만 실상은 매월 생활비를 감당하지 못해 쩔쩔맨다. 빛 좋은 개살구인 것이다.

　매월 들어오는 임대수익이 생활비를 커버할 정도이거나, 아무것도 안 해도 몇 년은 버틸 수 있을 만큼의 현금을 보유하고 있는 것이 아니라면 전업투자는 절대 꿈도 꾸지 마라. 1년에 한두 건 낙찰받아서 조금씩 임대수익을 받다가 5~10년 후에 임대수익을 종잣돈 삼아 하고 싶은 것을 하면서 사는 것이 훨씬 더 안전하다.

고정 수익이 없는 사람은 기회가 와도 보유 현금을 함부로 쓸 수 없다. 평소에 봐두었던 종목이 아무런 이유 없이 폭락하여 매입할 수 있는 주가까지 진입해도 선뜻 도전하지 못한다. 지금 가격대에 매수하면 이익을 볼 가능성이 크다고 확신하면서도 그것 역시 어디까지나 가능성일 뿐이므로 주저한다.

물론 그럴 때 과감히 투자를 결정할 수도 있다. 하지만 몇 개월 후에 갑자기 무슨 일이 생길지도 모르고 보유 투자처에 변동이 생길 수도 있기에 쉽게 결정하지 못한다. 가격이 더 떨어지거나 주가가 지지부진한 답보 상태를 몇 달간 지속할 경우 여유 있게 기다릴 수 없으므로 기회가 와도 함부로 투자할 수가 없는 것이다.

직장을 다니며 매월 월급을 받는다면 최소한 월급으로 생활비는 쓸 수 있으니 나머지 현금은 투자금으로 쓸 수 있다. 기회가 오면 부담 없이 투자할 수 있고, 기다릴 수 있고, 이익을 만끽할 수 있다. 월급은 자유로운 삶을 살지 못하게 만드는 족쇄가 아니라 안정적인 투자를 도와주는 '보험'이다. 후천적 부를 이루게 하는 투자란 이처럼 월급이라는 안정적인 소득을 발판 삼아 조금씩 이익을 늘려가는 것을 의미한다. 투자를 한다고 해서 직업을 포기할 이유는 없다. 아니, 오히려 지금의 일에 충실해야만 성공할 수 있다.

수익금은
보너스가 아니다

　드디어 '투자 수익'이라는 것이 들어온다. 그동안 열심히 조사하고 고심해서 한 투자가 빛을 발하는 순간이다. 원금에 수익까지 찾으니 세상을 다 가진 것처럼 기쁘다. 이 기쁨을 도저히 혼자만 간직할 수가 없어서 식구들과 함께 패밀리 레스토랑에서 식사를 하고 쇼핑도 한다. 이런 게 바로 투자의 이유라 생각하며 행복해한다.

　열심히 노력한 보람이 있는지 다른 투자에서도 수익이 생긴다. 금방이라도 경제적 자유를 얻을 것만 같다. 열심히 해온 자신이 너무 기특해서 수익금으로 자기 자신에게 선물을 한다. 가지고 싶었지만 참고 있었던 맥북을 사기로 결정한다. 수익금만으로는 돈이 부족해서 돈을 더 보태서 산다. 이 맛에 투자를 하는구나, 한다.

　투자로 수익을 내는 것만큼 뿌듯한 일이 없다. 하지만 이럴 때 행복에 도취되어 수익금을 써버리면 안 된다. 월급을 열심히 아끼고 모아도 목돈으로 쉽게 불어나지 못하는 이유와 같다. 눈덩이를 굴리다 말고 잠시 멈춰 일부를 떼어내면 눈덩이는 그만큼 작아진 상태에서 다시 출발한다. 눈덩이 스스로 탄력이 붙어서 굴러갈 때까지는 멈추지 말고 계속 굴려야 더 큰 눈덩이를 만들 수 있다. 복리라는 것은 이자에 이자가 더해 불어나는 것인데 여기에는 원금과 이자를 건드리면 안 된다는 전제조건이 있다. 중간에 돈을 써버리는 사람들은 돈을 제대로 모으지 못한다.

수익금은 별도로 관리하라

필자 역시 부동산을 낙찰받아 임대를 놓고 첫 월세를 받았을 때 온 가족을 불러 크게 한턱을 쐈다. 부모님과 동생네 가족까지 불러 열 명이 넘는 식구가 패밀리 레스토랑에 가서 거하게 먹었다. 필자로서는 첫 투자가 잘되어서 자축하는 의미로 쏜 것이지만 결국 투자금은 그만큼 사라진 꼴이 되었다. 하여 그 이후로는 투자금을 건드리지 않기로 했다.

투자는 언제 손실이 날지 모르는 것이므로 미리 자축하는 것은 의미가 없다. 아주 작은 승리를 할 때마다 그 돈을 써버린다면 몇 년을 투자해도 투자금은 늘지 않고, 중간에 손실이라도 나면 오히려 줄어들기만 할 것이다.

수익을 내는 것만큼 수익금을 잘 관리하는 것도 중요하다. 수익이 난 일부 금액은 투자금과 함께 굴릴 수도 있지만 위험을 분산시키기 위해 이익이 난 만큼 따로 관리하는 것이 좋다. 최초 투자금으로는 투자를 지속하고 수익금은 다른 계좌에 이체한 후에 일정 금액 이상이 되면 그 돈을 가지고 새로운 투자를 한다. 수익이 난다고 해도 어디까지나 더 많은 투자를 하기 위한 과정일 뿐, 신나게 쓸 수 있는 돈이 아닌 것이다.

투자의 세계에서 오래 살아남는 사람과 아닌 사람을 나누는 결정적인 요소 중 하나가 바로 수익금 관리 능력이다.아무리 투자를 잘해도 버는 족족 돈을 쓴다면 그 지출을 감당할 수 없다.

기회는
반드시 돌아온다

인생에는 세 번의 기회가 온다고 한다. 누구에게나 찾아오는 세 번의 기회를 놓치지 않으면 성공할 수 있다는 것이다. 하지만 이건 고리타분한 옛날 이야기다. 지금은 하루에도 몇 번씩 기회가 찾아온다. 단지 기회를 알아보지 못할 뿐이다. 그러나 투자를 하는 많은 사람들은 기회가 왔을 때 '이번이 아니면 안 된다'는 식으로 접근한다. 좋은 기회가 또 올 것이라는 생각을 못하는 것이다. 이러한 압박감은 긴장감을 고조시켜 실수를 하게 한다.

보험사를 상대로 보험을 판매하는 회사가 있다. 이러한 상품을 재보험이라고 하는데, 보험회사가 기업들을 상대로 보험상품을 판매할 때 액수가 너무 크거나 손실이 클 가능성이 있는 물건에 대해 일정 부분 다시 보험에 가입하는 것을 말한다. 우리나라에는 코리안리라는 재보험사가 있다.

코리안리는 보험회사를 상대로 보험 유치를 하면서 꾸준히 성장을 거듭하는 회사이다. 이 회사를 처음 발견했을 때 필자는 주당 매입

가격을 1만 원 미만으로 생각했는데, 당시에는 1만 원 이상이어서 매수를 못했다.

그런데 한 번 기회가 찾아왔다. 코리안리와 같은 재보험사는 큰 사건이 터졌을 때 거액의 보험금을 지급해야 하므로 손해가 날 수 있는데, 2011년 하반기에 태국에서 홍수가 나는 바람에 큰 피해를 입었다. 홍수는 2011년 7월부터 4개월이 넘도록 계속되었고 코리안리에 1900억 원의 손실을 입혔다.

보통 1만 2000원에서 등락을 거듭하고 한창 때는 1만 6000원까지 오르던 주가가 홍수 소식과 더불어 떨어지기 시작해 1만 원 미만으로 곤두박질쳤다. 사람들은 홍수 때문에 코리안리가 손실을 봤다는 것을 근거로 주식을 매도했다.

하지만 그 손실은 일시적인 것이었다. 이미 코리안리는 손실을 예상해 충당금을 설정해놓은 상태였고 그 외의 부분에서는 꾸준히 매출을 올리고 있었다. 코리안리라는 회사의 본질은 그대로였다. 주가가 그렇게 떨어질 이유가 없었다. 다시 오를 것이라는 확신이 들었다. 그러나 여러 가지 개인적인 사정 때문에 끝내 매수하지 못했다. 아니나 다를까, 9000원까지 떨어졌던 코리안리의 주가는 1만 원대로 치고 올라왔다. 너무나 아쉬웠지만 아직은 인연이 아니라고 생각하고 다음 기회를 기다리기로 했다. 2013년 11월 11일 현재 1만 2000원을 기록하고 있다.

기회는 반드시 다시 온다. 한 번 기회를 놓쳤다고 해서 포기하고 관심을 접어서는 안 된다. 언제 또 다른 기회가 올지 모르기 때문이다. 준비하는 자만이 기회를 제대로 잡을 수 있다.

박수칠 때 떠나라

대부분의 자산 시장이 그렇듯이 부동산 시장도 계절처럼 주기적인 사이클을 겪는다. 부동산 가격이 떨어지는 시기에는 아무도 매입하려 하지 않는다. 부동산 시장이 서서히 기지개를 켜면 발 빠른 투자자들이 먼저 움직이고, 가격은 의식하지도 못하는 사이에 조금씩 오른다. 가격이 상당히 오르면 많은 사람들이 다시 부동산 시장에 관심을 돌리기 시작한다. 하지만 불황기 부동산 시장의 모습이 아직 기억 속에 강하게 남아 있어서 매입을 망설인다. 기회가 다시 돌아왔음을 눈치채지 못한 것이다.

가격이 떨어질 줄을 모르고 오르기만 하면 그제서야 사람들은 매입한다. 떨어지지 않을 것이라는 공감대가 형성되어 있기 때문이다. 감각이 좋고 경험이 많은 투자자들은 이때부터 서서히 퇴장한다. 화려한 날은 이제 얼마 가지 못할 것이라는 사실을 알기 때문이다.

하지만 대다수의 사람들은 이 시기에 무리해서 대출을 받아가며 집을 산다. 이미 가격이 많이 오른 상황임에도 기회를 놓치고 싶지 않아 투자하는 것이다. 지금까지 계속 올랐다는 것만 강렬하게 기억하기에 부동산 시장의 계절 변화는 염두에 두지 못한다. 일단 사두고 몇 년 후에 팔면 된다고 확신한다. 이제 부동산 가격은 오르락내리락하기를 반복하면서 꾸준히 떨어지는 추세를 보인다.

그렇게 하우스 푸어가 된다. 이번이 아니면 다시는 기회가 오지 않을 것이라 믿고 행동한 탓이다. 또 다른 기회가 있을 것이라고 믿고 가격이 떨어졌을 때를 기다렸다면 낭패를 보지 않았을 것이다. 이와 같은 시장의 사이클은 어느 투자 자산에든 적용할 수 있다. 잊지 말자. 기회는 분명히 다시 온다.

안목을 키워야
결단력이 생긴다

노벨 문학상을 받은 작가 조지 버나드 쇼George Bernard Shaw는 자신의 묘비에 "우물쭈물하다가 내 이럴 줄 알았다"라고 새겨놓았다. 기회가 왔는데도 결단을 내리지 못하는 사람들에게 이보다 더 뜨끔한 유언이 있을까?

사람들이 후회하는 것 중의 대부분은 할까 말까 망설이다가 끝내 하지 못한 것들이다. 투자의 세계에서도 그런 일은 비일비재하다. 지속적으로 지켜보고 관심을 쏟으면서 공부한 기업에 투자를 할 기회가 왔는데도 용기가 없어 결정을 내리지 못하다가 뒤늦게 후회하는 것이다. 이들은 실패할까 봐 두려워 우물쭈물하다가 기회를 다 놓쳐버리곤 한다.

1997년 IMF 사태 직후에는 많은 이들이 주택을 보유의 목적이 아닌 거주의 목적으로 바라봐야 한다고 말했다. 어느 누구도 주택을 구입할 생각을 하지 않았다. 하지만 일부 사람들은 일시적인 현상으로 보고 과감하게 매입하여 그 직후 많은 시세차익을 봤다. 오죽하면 대한민국 역사상 가장 많은 부자가 탄생한 시기가 바로 IMF 사태 직후라는 말까지 나왔을까. 물론 당시에는 오판이자 오만이라고 했지만 말이다.

2002년 부동산 경매 시장에는 또 한 번의 큰 변화가 있었다. 민사소송법이 민사집행법으로 바뀌면서 입찰 방법을 비롯하여 인도명령 제도까지 부동산 경매와 관련된 여러 가지 법이 바뀐 것이다. 당시까지 부동산 경매를 통해 수익을 올리고 있던 많은 사람들은 이러한 변화를 지켜보면서 부동산 경매 시장을 떠나갔다. 부동산 경매로 이익을 얻기가 어려워졌다고 판단한 것이다.

그러나 그 이후에는 오히려 부동산 경매가 대중화되었다. 진행이 투명해지면서 더 이상 '깡패'들이 활개를 치지 못하게 되었고, 일반인들은 오히려 예전보다 자유롭게 부동산 경매에 접근할 수 있었다. 시장을 꾸준히 지켜보면서 상황을 파악한 뒤에 용기 있게 결단을 내렸던 이들이 이 시기에 부동산 투자로 높은 수익률을 올렸다.

부동산 경매 투자에 회의적인 시선이 모이던 시기가 2004년에도 있었다. 정부의 주택 시장 안정대책의 여파로 재건축, 민간 건축이 대폭 줄어들 것이라 전망한 것이다. 그러나 역시 일부 사람들은 이런 상황에서도 기회를 발견하고 경매 시장에 뛰어들었다. 당시 인천 지역은 전세가가 투룸 기준으로 2000~3000만 원 정도였다. 부동산 경매에 나온 물건을 아무도 쳐다보지 않던 시기여서 감정가 4000만 원 하던 빌라가 한 번 유찰될 때마다 30%까지 저감되어 3회차 때에는 2000만 원 정도에 낙찰받을 수 있었다. 그렇게 낙찰받은 빌라는

3000만 원에 전세를 놓고 몇 년 후에 재건축, 재개발로 인천 지역 시세가 뜰 때 최소 6000~7000만 원에 팔아 이익을 볼 수 있었다.

이처럼 비관적인 상황 속에서도 기회를 잡고 결단을 내리는 힘은 어디에서 나오는 것일까? 자신만의 관점도 없이 다른 사람의 말에 휘둘리는 이들은 결코 현명한 판단을 내리지 못한다. 스스로도 자신의 판단에 확신을 가지지 못하기에 어떤 선택도 내리지 못하고 우물쭈물한다. 기회를 잡지도, 버리지도 못하고 그저 멀리 흘려 보내는 것이다. 시장을 꾸준히 관찰하며 지식과 정보를 쌓아온 사람들만이 확신을 가지고 결단을 내릴 수 있다.

행동하지 않으면 결과도 없다

언젠가 신문에서 지난 10년 동안 ROE 15%를 지속한 기업에 대해 소개하는 기사를 보게 되었다.(ROE는 자기자본이익률Return On Equity의 약자로, 기업이 투자된 자본으로 얼마의 이익을 냈는지를 알려주는 지표이다. 1000원을 투자해서 100원을 벌면 ROE 10%라고 표현한다.) 당시에 필자는 신문에 나온 기업들을 선별해서 꾸준히 관찰하고 있었는데, 그중에서도 코웨이(구 웅진코웨이)를 눈여겨보게 되었다.

그런데 2012년 하반기에 들어서 갑자기 신문 경제면에 웅진그룹의 기사가 넘쳐나기 시작했다. 웅진그룹은 샐러리맨의 신화라고 불리는 윤석금 회장의 입지전적인 활동으로 사세를 확장했는데, 무리하게 확장한 나머지 자금 문제가 생겨 법정관리에 들어가게 되었다.

당시에 코웨이는 우리가 실생활에서 흔히 접하는 정수기 등을 렌탈해주는 곳이었다. 한 번 설치하기만 하면 관리, 유지, 보수 서비스를 제공하면서 매월 돈을 받는 구조로 운영되기에 어지간해서는 망하지 않을 회사였다. 덕분에 코웨이의 주가는 언제나 높은 가격을 유지했는데, 웅진그룹이 법정관리에 들어가면서 주가가 매일같이 떨어지기 시작했다.

그러나 필자가 보기에 아무리 생각해도 코웨이의 주가가 떨어지는 것은 오로지 심리적인 측면 때문인 것 같았다. 꾸준히 관심을 가지고 지켜보며 투자 가치를 분석해온 기업이었기에 더욱 확신이 들었다. 이번이 기회라는 판단이 들었다. 4만 원이 넘는 주가에 차마 매입할 생각을 하지 못했던 필자는 주가가 2만 5000원까지 떨어지기를 기다렸다. 3만 원까지 떨어졌을 때 매입을 할까 고민했지만, 욕심도 나고 한없이 떨어질지도 모른다는 두려움도 생겨서 망설였다. 그동안 주가는 더 떨어져서 2만 8000원까지 내려갔다.

필자는 조금 더 떨어지기를 기다렸다. 하지만 주가는 더 이상 떨어지지 않고 다시 올라가기 시작했다. 희망가격 2만 5000원에 미련을 못 버려 끝내 매수를 못하고 입맛만 다시던 필자는 단 며칠 만에 코웨이의 주가가 3만 5000원까지 오르는 것을 지켜봐야 했다. 이미 매수 타이밍을 놓쳤다는 생각이 들었다. 웅진그룹이 법정관리에 들어가기 전 주가가 4만 원 이상이었다는 것을 생각하면 그때라도 투자를 했어야 하지만 우물쭈물 망설이기만 하다가 기회를 놓치고 말았다. 2013년 11월 11일 현재 코웨이의 주가는 6만 2000원이다.

평소에 관심을 기울이고 충분히 자료 조사를 하면서 공부한 기업이라면 기회가 왔을 때 결단을 내려야 한다. 준비도 안 된 상태에서 순간의 이익에 혹해 아무 때고 투자에 나서는 것도 문제이지만, 모든 분석을 끝내놓고도 결단을 내리지 못해 기회를 그냥 보내는 것 역시 문제다. 행동으로 옮기지 않으면 어떤 결과도 만들 수 없다.

투자의 기회가 왔을 때 결단을 내릴 수 있는 힘은 결국 지식과 정보에서 나온다. 꾸준한 공부를 통해 투자 기회를 알아보는 안목을 키워야 자신의 판단에 대한 확신이 들어 현명한 선택을 할 수 있다.

다른 투자자와
경험을 나눠라

투자의 세계에는 온갖 비열하고 추접한 일을 서슴지 않고 저지르는 인간들이 존재한다. 이들은 돈을 벌기 위해서라면 무슨 짓이든 하는 사람들로, 사기를 칠 때도 아무런 거리낌이 없다. 돈이 최우선이기에 양심의 가책도 느끼지 않는다.

'21세기 최고의 사기꾼'이라고 불리는 버나드 메도프Bernard L. Madoff는 폰지 사기로 돈을 긁어모아 방탕한 삶을 즐겼다. 그가 나스닥 증권거래소 회장까지 역임했기 때문에 가능한 일이었다. 메도프는 환상적인 수익률을 제시하며 사람들의 탐욕을 자극해서 눈먼 돈을 끌어들였다. 스티븐 스필버그Steven A. Spielberg 같은 유명인들뿐만 아니라 세계적인 금융기관들마저도 메도프의 화려한 경력과 인맥에 속아서 돈을 맡겼다가 사기를 당했다. 결국 그는 징역 150년 형을 선고받았고, 아무것도 모른 채 그의 회사에서 열심히 근무했던 그의 큰아들은 자살로 생을 마감했다. 메도프와 유럽의 상류층 고객을 연결하던 펀드 운영자도 스스로 목숨을 끊었다.

워런 버핏도 동료와 상의한다

이처럼 투자의 세계에서 사람을 믿는다는 것은 위험하다. 하지만, 그럼에도 불구하고, 사람만큼 중요한 재산도 없다. 한 사람이 알 수 있는 정보에는 한계가 있기에 사람들과 서로 이야기를 나누면서 새로운 정보를 얻는 일은 중요하다. 혼자 투자를 하다가 일이 잘 안 풀려서 끙끙 앓고 있을 때 나보다 앞서 경험한 사람들에게서 듣는 충고와 조언은 더할 수 없는 도움이 된다.

많은 사람들은 흔히 투자를 시작하기에 앞서서 강의를 듣는다. 강사의 이야기를 통해 배우는 것도 있지만 함께 강의를 듣는 사람들과 나누는 이야기도 많은 도움이 된다. 투자 경력이나 경험이 자신과 전혀 다른 강사보다는 이제 막 투자를 시작한 강의 동기들은 서로가 서로의 처지를 이해할 수 있기에 이야기도 더욱 잘 통한다.

이렇게 만난 사람들은 투자 친구가 되어 서로 의견을 나누고 용기를 북돋워주는 관계로 발전하기도 한다. 스터디 그룹을 만들 수도 있다. 한 달에 한두 번씩 만나 자신이 준비한 투자 전략에 대해 토론하면서 혼자 고민할 때는 미처 발견하지 못했던 부분을 깨달을 수 있다. 집단지성을 통해 개인의 단점을 극복하는 것이다.

투자 카페에서는 1년에 한두 번, 분기별로 한 번 등의 방식으로 정기 모임을 갖는다. 이런 모임에 참석해서 인맥을 넓히는 것도 중요하다. 자신과 비슷한 스타일로 투자를 하는 사람들의 모임에 참여하면 힐링도 받을 수 있다. 평소에는 말하지 못했던 것들을 실컷 떠들 수 있고, 자신이 경험하지 못했거나 궁금한 내용을 물어볼 수도 있다.

무엇보다도 자신이 하는 이야기를 상대방이 알아듣는다는 것 자체가 더할 수 없는 기쁨이 된다.

가끔은 이렇게 만난 사람들이 지속적으로 투자 의견을 나누다가 함께 투자를 하는 경우도 있다. 혼자 투자하기에는 무리한 금액일 때 공동투자를 하거나 사정이 급할 때 돈을 융통해주기도 하고, 사무실을 마련해서 공동 비용으로 더욱 돈독한 투자를 하기도 한다.

워런 버핏도 중요한 투자 결정은 그의 동료 찰리 멍거Charlie Munger와 상의해서 한다. 자신이 미처 파악하지 못한 부분은 없는지 검증을 받는 것이다. 투자의 귀재라는 워런 버핏조차도 찰리 멍거가 반대하는 투자는 하지 않는다고 하니, 투자자에게 있어서 '동료'가 얼마나 중요한지는 더 이상 강조할 필요가 없을 듯하다.

혼자 살아가는 사람은 없다. 투자자 역시 마찬가지이다. 혼자 결정해서 투자하는 것 같지만 알게 모르게 다양한 사람들의 영향을 받는다. 투자에 성공한 사람들의 이야기, 실패한 이야기, 어려움을 극복하고 다시 수익을 낸 이야기 등을 듣다 보면 자연스럽게 자신의 견문도 넓어진다. 신문 기사를 통해서 읽는 것보다 직접 만나 이야기할 때 더욱 확실한 효과를 낸다.

이제 막 투자를 시작한 사람이라면 여러 사람을 만나 이야기를 나눠야 한다. 개인 투자자에게는 엄연히 한계가 존재한다. 책을 읽고 신문 기사를 찾아보면서 다양한 정보를 얻을 수도 있지만, 사람을 통해서 얻을 수 있는 정보와 통찰, 경험은 그보다 귀중하다.

실패,
피할 수 없다면 줄여라

투자하는 족족 돈을 벌 수 있다면 얼마나 좋을까. 하지만 실패 없이 크게 성공한 사람은 단 한 명도 없다. 혹시 아직까지 실패한 적이 없는 사람이 있다면 앞으로 큰 실패를 맛볼 가능성이 굉장히 크기에 오히려 위험한 상태라고 볼 수 있다. 자신은 결코 실패하지 않는다는 자만심은 신중한 투자를 방해하여 실패 가능성을 더 높인다. 적당한 실패는 성공의 필수적인 요소인 것이다.

부동산 경매에서는 한 번 입찰을 결정하면 번복할 수 없다. 권리분석상 아무런 문제가 없고 현장조사를 통해 파악한 시세와 물건에서도 아무런 하자가 없다면 적정가격을 써서 낙찰을 받는다. 그리고 일주일 후에 법원을 통해 매각 결정이 내려지면 잔금을 납부하고 소유권을 이전받아 소유자가 된다.

하지만 잔금을 치르기 전에 미처 파악하지 못한 권리분석상의 문제나 물건의 하자를 발견하게 되는 경우가 있다. 이럴 때는 잔금을 치르지 않는 편이 낫다. 잔금을 치르고 소유권을 넘겨받은 뒤에 어떻게든 문제를 해결하려 하면 손실은 더 커지게 마련이다. 비록 최저 입찰가의 보증금 10%를 날린다고 하더라도 더 큰 실패를 줄이기 위해서는 결단을 내려야 한다.

1992년 영국 정부가 파운드화 가치를 유지하는 정책을 펼칠 때 파운드화를 공격하여 무려 15억 달러를 벌어들인 전설적인 투자자 조지 소로스George Soros조차도 1981년에는 23%의 손실을 기록했다. 한창 체력이 약해지고 있던 데다 창업 파트너인 짐 로저스Jim Rogers가 팀원들과의 불화로 회사를 떠나자 극심한 스트레스를 받았던 것이다. 그러나 소로스는 무너지지 않았다. 그는 "내가 맞느냐 틀리느냐가 중요한 것이 아니라 옳았을 때 얼마나 많은 돈을 벌 수 있느냐 하는 것과 내가 틀렸을 때 얼마나 많은 돈을 잃느냐에 대한 것이 중요하다"라고 말했다. 언제든 실패할 수 있음을 인정한 것이다.

실패에 대처하는 투자자의 자세

'알바트로스'라는 닉네임으로 유명한 성필규는 그의 책 〈돈을 이기는 법〉(쌤앤파커스, 2013)에서 자신은 언제든지 시장을 떠날 준비가 되어 있다고 말한다. 언제든 실패할 수 있다는 사실을 인정한다는 것이다.

그는 투자로 어느 정도 성공과 인지도를 거둔 뒤에 소개로 만난 사람을 믿고 특정 종목에 투자했다가 작전주로 엮여 모든 돈을 잃었다. 실의에 빠져 있다가 다시 정신을 차린 그는 코스닥 상장회사의 주가를 관리하는 일을 맡아 회사 대표에게게서 받은 30억 원과 자신과 지인의 계좌 10억 원까지 운영했지만 투자한 회사가 인수합병되며 다시 한 번 모든 돈을 잃고 말았다.

그는 다시 주변 지인들의 도움으로 파생상품에 투자했고 승승장구하며 15억 원 이상의 계좌를 운영했다. 그러나 단 하루 만에 10억 원의 손실을 내고 9억 원이라는 빚까지 지고 말았다. 그럼에도 그는 실패에 좌절하기보다는 자신의 실패를 복기했다. 다시는 실수를 반복하지 않도록 실패 요인을 치열하게 되짚었다. 그는 현재 제도권의 PK투자자문 회사를 성공적으로 운영하고 있다.

투자를 잘하는 사람은 투자에 한 번 실패했다고 해서 좌절하거나 모든 것을 포기하지 않는다. 어디까지나 이번 투자가 실패한 것일 뿐 자신이 한 모든 투자가 실패한 것은 아니며, 지금의 실패를 발판 삼아 더 큰 성공을 할 수 있다는 사실을 알기 때문이다. 하지만 실패를 못 견디는 사람들은 대개 투자 실패를 인생 전체의 실패로 받아들인다. 성공을 할 수도, 실패를 할 수도 있다는 것을 인정하지 못하는 것이다.

실패는 피할 수 없다. 그러나 줄일 수는 있다. 실패의 원인을 분석하고 이를 다음 투자에 적용하면서 성공률을 높이면 된다. '절대 실패하지 않겠다'는 마음을 버리고 '실패하더라도 손실을 최소화하겠다'는 자세로 투자에 임하라.

6장

투자,
이것만은
반드시 지켜라

자신의 판단이 틀렸을 때는 변명하지 마라.
자신이 틀렸다는 것을 인정하고
그로부터 이익을 얻도록 노력해야 한다.

니콜라스 다비스 Nicolas Darvas

여윳돈과 비상금은
다르다

⑨

힘들게 일하고 어렵게 버텨서 종잣돈 1000만 원을 마련했다고 치자. 많은 경우 이제 이 돈을 종잣돈 삼아 투자하면 직장을 취미로 다닐 만큼 충분한 수익이 나서 경제적 자유를 얻게 될 것이라는 환상에 젖는다. 그리고 그동안 유심히 지켜봐왔던 몇몇 기업에 돈을 투자한다. 바로 수익이 나지 않고 마이너스로 돌아선다고 해도 크게 개의치 않는다. 매월 월급이 나오니 이 돈은 말 그대로 '여윳돈'이라고 생각하는 것이다. 투자했던 기업들 중에는 손해가 난 것도 있지만, 이 정도 손해는 가볍게 웃어넘길 수 있는 경험이라며 무시한다.

그런데 생각지도 못한 일들이 생긴다. 월급이 나오지 않는 것이다. 회사 측에 사정이 생겨 월급이 늦어진다고 한다. 일주일이 넘어가자 각종 공과금과 생활비로 쓸 돈이 없어서 난감해진다. 분명히 여윳돈이 있어 투자한 것인데 당장 먹고살 돈이 없는 상황에 놓인다. 어쩔 수 없이 투자한 돈을 회수한다. 투자한 기업들 중에는 이익이 난 것도 있고 손해가 난 것도 있지만 전액 매도하기로 결정한다.

실패를 부르는 '비상금' 투자

이러한 문제는 여윳돈에 대한 착각에서 비롯된다. 여윳돈의 본질을 깨닫지 못한 것이다. 생각지도 못한 일이 생겼을 때 써야 하는 돈은 여윳돈이 아니라 '비상금'이다. 여윳돈이라는 것은 어떠한 상황에서도 지킬 수 있는 돈이다. 사정이 어떻게 변하든 자신의 원칙에 따라 투자할 수 있는 돈인 것이다. 하지만 여윳돈에 대한 사람들의 인식은 대체로 위 사례와 다르지 않다.

여윳돈으로 하는 투자와 비상금으로 하는 투자는 그 성격이 본질적으로 다를 수밖에 없다. 그 차이는 공동투자를 할 때 가장 명확하게 드러난다. 공동투자는 부동산 경매를 할 때 투자금이 비교적 얼마 되지 않고 경험이 많지 않은 사람들이 모여 함께 물건들을 조사하고 동일한 금액을 갹출하여 투자하는 방식을 말한다. 열 명 이상이 모일 경우 1인당 1000만 원 이상씩만 투자해도 몇 억짜리 아파트를 낙찰 받을 수 있다. 그런데 잔금을 치르고 명도를 한 뒤에 리모델링을 하여 매매를 하기까지 보통 3~4개월 정도가 소요된다. 대출을 받아서 투자금을 마련한 투자자들은 이 기간 동안 대출이자를 내야 한다는 것까지 감안하여 투자를 결정한다.

그런데 만일 이 과정에서 문제가 발생하여 일이 계획대로 진행되지 않으면 어떻게 될까? 명도 저항이 거세 원만한 합의를 보지 못하다가 강제로 점유자를 내보내고 리모델링을 했는데 그만 매매할 타이밍을 놓쳤다면? 이때부터 공동투자자들끼리 삐그덕거리기 시작한다. 매매를 하지 못하게 되자 누구는 임대를 놓자고 하고 누구는 그래도 빨리 매매를 하자고 한다. 투자한 금액은 동일해도 각자의 사정에 따라 돈의 성격은 달랐던 것이다.

투자에는 늘 변수가 생긴다

여윳돈으로 투자한 사람, 6개월 후에 꼭 써야 할 돈이지만 그 전에 투자금을 회수할 수 있을 것 같아서 투자한 사람, 전 재산 500만 원에 현금 서비스 500만 원을 받아 투자한 사람의 시야는 완전히 다를 수밖에 없다.

돈이 급한 사람들은 빨리 돈이 회수되기를 원하기에 시세차익이고 뭐고 당장 원금이라도 찾겠다며 아우성친다. 즐거운 마음으로 공동투자를 시작했던 사람들은 만날 때마다 의견 다툼이 벌어져 얼굴을 붉힌다. 결국 여윳돈으로 투자한 사람이 돈이 급한 사람들의 원금을 빼주기로 결정하고 원금을 받은 사람들은 투자에서 빠진다는 공증을 한다.

혼자 끝까지 남은 투자자는 임대를 놓고 기다린다. 2년 이상 임대 수익을 올린 뒤 적절한 시점을 봐서 부동산을 매도해 시세차익을 남긴다. 동일한 금액으로 투자를 했더라도 여윳돈으로 투자한 사람과 아닌 사람은 투자 수익을 회수하는 데 있어 엄청난 차이를 보인다.

여윳돈이 아닌 비상금으로 '한두 달 만 살짝 투자하고 빼야지'라고 생각하는 것은 굉장히 위험한 발상이다. 투자라는 것이 생각처럼 되지 않는다는 사실만 확인하게 될 뿐이다. 투자금이 반 토막이 나더라도 흔들리지 않고 적당한 때를 기다릴 수 있을 정도가 되어야 한다. 그만한 리스크도 감당할 수 없다면 여윳돈이 아니다. 절대 착각하지 말자.

진짜 고수는
기회를 기다린다

　이상하게도 사람들은 목돈이 생기면 당장 무엇인가를 하려고 한다. 결과는 나중 문제이고, 일단 통장에 돈이 얌전히 있으면 조바심을 느낀다. 목돈을 보유하고 있는 경우는 여러 가지인데, 투자 목표를 세우고 꾸준히 모아온 종잣돈일 수도 있고 새로운 사업을 하기 위한 돈일 수도 있다. 아무런 생각 없이 가지고 있는 돈일 경우 문제가 생기는데, 특별한 목표 없이 목돈을 가지고 있으니 투자에 관해서 누가 뭐라고 조금만 이야기해도 귀가 팔랑거린다.

　이럴 때 기가 막히게 귀인이 나타난다. 어디서 어떻게 정보를 듣고 나타났는지 몰라도 귀신같이 내 사정을 알고 나에게 필요한 정보를 준다. 신뢰할 만한 정보와 지위를 내세우며 어지간해서는 손해 보지 않을 것 같은 투자처를 소개한다. 그렇게 '인생 한 방'을 꿈꾸며 목돈을 들여 투자한다. 대부분의 사람들이 오랫동안 소중하게 모은 목돈을 이렇게 날린다.

　당장 투자를 하고 싶다고 해도 자신이 잘 모르는 곳이라면 절대로 해서는 안 된다. 특히 상당히 그럴싸해 보이고 당장 뛰어들고 싶을 정도로 매력적인 투자처라면 더욱 조심해야 한다. 현실적으로 생각해보자. 만일 진짜 괜찮은 투자처라면 그 정보를 왜 다른 사람과 공유하겠는가. 무궁무진한 가능성을 가진 투자의 세계에서 기발한 방법으로 투자 이익을 올리는 사람들도 분명 있기는 하지만 경험이 별로 없는 초보 투자자라면 일단 자신과는 상관없다고 여겨야 한다. 아무리 믿음직스러워 보인다고 해도, 그저 색다른 투자처와 방법을 알았다는 데 만족하고 넘겨야 한다.

'진짜 기회'를 놓칠 것인가

투자에 있어서 모든 선택에 대한 책임은 전적으로 자기 자신이 져야한다는 것을 기억하자. 이익을 보든 손해를 보든 내 책임이다. 뒤늦게 후회하며 투자 권한 사람을 탓해봤자 아무 소용 없다.

특별한 목표나 투자처가 없는 상태라면 '묻지마 투자'를 하는 것보다 현금을 얌전히 통장에 넣어두는 것이 결과적으로 더 큰 이익을 남긴다. 중요한 것은 당장 투자를 하는 것이 아니라 기회가 왔을 때 투입할 수 있는 현금을 가지고 있느냐 하는 것이기 때문이다. 실제로 진짜 고수들은 투자를 자주 하지 않는다. 현금을 가지고 있다가 본인이 정한 기준에 맞는 투자처가 생기면 오랫동안 지켜보고 신중하게 고민한 다음에 투자한다. 자주 하지는 않지만 그 한 번의 투자로 상당한 이익을 얻는다. 물론 그렇게 되기까지는 숱한 시행착오를 겪는다.

투자할 수 있는 현금을 가지고 있다는 것은 투자로 부를 얻을 수 있는 기회를 가지고 있다는 말이나 다름없다. 좋은 기회가 왔을 때 그 기회를 놓치지 않고 붙잡으려면 수중에 여윳돈이 있어야 한다. 현금을 그냥 가지고만 있으면 돈 굴릴 시간을 버리는 것 같아 불안하다는 이유만으로 어설프게 투자를 한다면 진짜 기회가 왔을 때 그저 입맛만 다시게 될 것이다. 심지어 기회를 보는 능력과 안목조차 가지지 못했다면 돈을 더더욱 얌전히 가지고 있어야 한다. 아무에게도 이야기하지 말고, 조용히.

소중한 자산,
운에 맡길 것인가

투자로 성공한 사람들을 만나 이야기를 들어 보면 이구동성으로 자신은 운이 좋았을 뿐이라고 말한다. 이것은 겸손의 표현이 아니다. 실제로 자신이 투자한 타이밍이 우연히 대세 상승기와 맞아떨어졌거나 뜻하지 않게 호재가 생겨 생각지도 못한 이익을 거둔 경우가 많다는 뜻이다.

이들은 운칠기삼運七技三이라고 말한다. 투자를 성공으로 이끈 것은 운이 7할이고 능력은 3할밖에 되지 않는다는 것이다. 심지어 운구기일運九技一이라고 표현하는 사람도 있다. 그만큼 운이 따라주지 않으면 이익을 보기가 쉽지 않다는 뜻이리라.

투자에 있어서 운이 얼마나 큰 영향을 주는지를 잘 보여주는 사례가 있다. 필자가 아는 두 명의 투자자의 이야기다. A는 아파트를 사놓고는 특별한 투자도 하지 않은 채 전세만 놓았다. B는 열심히 발품을 팔아 돌아다니면서 끊임없이 부동산 경매 투자를 거듭했다. 그렇게 2년이 흘렀다. A는 사놓은 아파트가 재개발되어 1억 원의 차익을 보고 팔았고, B는 열심히 노력하고 움직인 결과로 1억 원의 이익을 얻었다. 결과만 놓고 보면 둘 다 똑같은 수익을 올렸지만 A의 경우에는 운이, B의 경우에는 노력이 크게 작용한 것이다.

운은 보너스다

그렇다면 투자로 성공하려면 운이 따라주기만을 기다리고 있어야 하는 것일까? 운이 투자에 영향을 준다는 것은 부인할 수 없는 사실이다. 하지만 처음부터 운에 기대어 투자를 해서는 안 된다. 운에 치중하는 투자는 오래가지 못한다.

앞에서 말한 A와 B의 경우 분명히 똑같은 1억 원을 벌었지만 이후 투자의 경향과 결과는 확연하게 차이가 나기 시작했다. A는 운이 좋았다는 것을 인지하지 못하고 자신의 투자 실력을 과신해 과감한 투자를 했다. 더 높은 금액으로 두 채의 아파트에 투자한 A는 자신이 얻었던 이익보다 더 큰 금액을 손해 보고 다시는 투자를 할 수 없을 정도로 무너졌다.

반면 B는 꾸준히 실력을 쌓으며 투자를 계속했다. 수익률의 높고 낮음을 떠나 투자 실력을 키워나간 덕에 실수를 하고 실패를 해도 위기를 슬기롭게 극복할 수 있게 되었다. 2008년 금융위기로 잠시 어려움에 빠지기도 했지만 실패를 극복하고 지금도 투자로 자산을 늘려가고 있다.

투자에서 운은 무시할 수 없는 요소이지만 전부도 아니다. 누군가 투자로 돈을 벌었다는 소식을 들으면 대부분 '운이 좋았다'라고 치부하는 경향이 있다. 그동안 열심히 노력해서 얻은 결과임을 무시하고 운에 치우쳐서 생각하는 것이다. 이것은 '운만 따라주면 나도 성공할 수 있다'고 믿고 싶은 마음에서 나온 발상이다. 그러나 투자에서 운이란 노력하는 사람에게 찾아오는 보너스라고 봐야 한다.

투자가 재미없고 이익이 나지 않을 때 '나는 왜 저 사람처럼 운이 따라주지 않을까' 하며 한탄하지 말고 투자 능력을 올리기 위해 노력하라. 운은 사람이 통제할 수 없는 영역이지만 투자 능력은 투자자의 의지와 노력으로 얼마든지 키울 수 있다.

당신의 노력과
판단력을 믿어라

많은 사람들이 풍부한 경험과 통찰, 삶의 지혜를 가진 멘토에게 조언을 듣고자 한다. 멘토Mentor는 〈오디세이아〉에 나오는 조언자의 이름 멘토르Mentor에서 유래한 것으로, 현명하고 신뢰할 수 있는 스승이나 선생을 뜻한다. 자신에게 부족한 부분이 무엇인지, 어떻게 바꿔가야 할지, 어떤 방향으로 살아가야 하는지 알지 못해서 혼란스러울 때 사람들은 멘토를 통해 현명한 답을 구하고자 한다.

하지만 멘토에게 답을 얻었다고 해서 모든 고민이 해결되는 것은 아니다. 멘토가 제시한 방향대로만 살아가는 사람도 없다. 잠시 마음의 위안을 얻고 '역시 통찰력이 있구나' 감탄하며 그 사람을 칭송하기는 하지만, 실제로 인생 자체는 크게 달라지지 않는다.

현재 자신이 처한 환경을 자신보다 더 잘 아는 사람은 없다. 그래서 대개의 경우에는 멘토에게 묻지 않아도 무엇이 문제이고 어떻게 해결해야 하는지 어렴풋하게나마 답을 이미 알고 있다. 그럼에도 굳이 멘토를 찾는 이유는 무엇일까. 뻔한 답을 주는데도 마치 몰랐던 것처럼 환호하고 새삼 인정하게 되는 이유는 무엇일까. 자신이 찾은 답을 확인받고 싶어 하는 마음과, 자신의 어려움을 외면하고 싶어 하는 마음이 작용한 것이리라. 하지만 기억해야 한다. 누구도 내 인생을 대신 살아줄 수 없다는 것을. 멘토가 아무리 경험이 많고 지혜롭다고 해도 내가 될 수는 없다.

결정은 자기 몫이다

혹시 지금 투자를 할지 말지 고민하고 있는가? 지금의 결정이 올바른 것인지 확신이 서지 않는가? 현명한 투자인지 의심이 드는가? 투자 잘하기로 유명한 사람들에게 자신의 고민을 구구절절하게 담아 메일로 보내려고 하는가? 그렇다면 어떤 답변을 기대하는가? 혹시, 본인이 원하는 답변이 오기를 간절히 바라고 있는 것은 아닌가?

가끔 필자도 그런 질문을 받을 때가 있다. 그럴 때마다 필자의 답변은 거의 대동소이하다. 자신이 내린 판단에 믿음을 가지고 용기 내어 실천하라는 말이다. 그 외에는 해줄 수 있는 이야기가 없다. 아무리 부모라고 해도 자녀가 힘들어할 때 용기를 북돋아주는 것 외에는 특별히 무언가를 해줄 수 없는 것과 마찬가지이다.

꾸준히 지켜보고, 충분히 조사하고, 열심히 공부해서 투자처를 선정하고 투자를 결정했다면 이제 자신보다 그 대상에 대해서 잘 알고 있는 사람은 없다. 고수라고 해서 모든 것을 다 알고 있지도 않을뿐더러 남이 조사한 내용을 전부 파악할 수 있는 것도 아니다. 결정은 어디까지나 자신의 몫이다. 그 누구의 돈도 아닌 바로 자신의 돈이기에, 결정을 내리고 결과에 책임을 지는 사람 역시 자기 자신이 되어야 한다.

  자신보다 투자 수익률이 높은 사람이 좋아하는 종목이라고 해서다 좋은 것은 아니다. 모든 사람은 각자 처한 상황이 다르고, 바라보는 시선도 다르고, 가지고 있는 자본도 다르기 때문에 결코 똑같은 방식으로는 투자를 할 수가 없다. 그런데도 사람들은 자신이 직접 투자하려고 하지 않고 남이 대신 결정해주기를 원한다. 멘토에게 목매지 마라. 믿을 수 있는 것은 오로지 하나, 당신의 노력과 판단력뿐이다.

유행 따르다
큰코다친다

매해 말에는 각종 언론매체에서 수익률을 기준으로 '올해의 펀드'를 선정하여 1위부터 10위까지를 발표한다. 돈을 불리고 싶다는 욕심은 있지만 딱히 구체적인 방법은 알아보지 않고 있던 A는 이 발표에 솔깃해진다. '올해의 펀드'로 선정됐을 정도라면 수익률은 볼 것도 없을 것이라 생각하고 중소형주 펀드에 가입한다. 하지만 이 펀드는 다음 해에 수익률 상위권에 오르지 못하고 심지어 마이너스 수익률을 낸다.

우리나라에 상장된 기업들은 시가총액 기준으로 대형주와 중소형주로 나뉜다. 이들은 긴밀한 관계를 가지는데, 대체로 대형주 종목들의 수익이 좋을 때 중소형주들은 답보 상태에 머물지만, 대형주들이 답보하거나 하락할 때 중소형주들은 높은 주가를 보여준다. 왜 그럴까? 일반적인 펀드 운용사들이 대형주에 투자하여 수익률을 올리는 평소에는 중소형주들이 별 관심을 얻지 못해 낮은 주가를 기록한다. 그러나 이러한 중소형주들도 이익이 늘어나 자산 규모가 커지면 주가에 비해 저평가되었다고 판단한 펀드 운용사들이 중소형주들을 집중적으로 매수하기에 중소형주의 주가가 올라가고 상대적으로 대형주들은 답보 상태에 머무는 것이다.

앞서 말한 A는 대형주와 중소형주의 관계가 만들어내는 이러한 영향 때문에 일시적으로 오른 중소형주들이 '올해의 펀드'에 선정됐을 때 가입한 것이다. 결국 실패의 원인은 전체적인 흐름을 보지 않고 단발적인 유행에만 휩쓸려 섣불리 결정했다는 데에 있다.

소문난 잔치에 먹을 것 없다

어느 날 갑자기 급부상한 '대박' 주식에 너도나도 몰려 투자하는 경우가 있다. 여러 사람들이 높은 수익률을 확신하며 입을 모아 추천하니 자세히 알아보지도 않고 일단 뛰어드는 것이다. 하지만 투자처의 본질을 제대로 파악하지도 않고 유행에 휩쓸려 투자하는 경우 제대로 된 수익을 낼 가능성은 거의 없다.

한때 필자와 함께 근무했던 동료가 일을 그만두고 줄기세포를 보관하는 기업에 취직하여 영업을 했다. 그 기업은 바이오 관련 회사와 연결되어 있어 항암치료용 백신을 개발했는데, 임상 실험에 들어간다는 발표에 직원들이 열광을 하며 자세한 것은 알아보지도 않고 투자를 했다. 몇몇 사람들은 투자를 하자마자 일주일 만에 20~30%의 수익을 봤다고 하고 신문에서 '이 주의 관심 종목'으로 선정되는 등 많은 주목을 받자 투자자들이 더욱 몰렸다. 이 사실을 알려준 필자의 동료도 결국 상당 금액의 돈을 투자했다.

하지만 이 기업은 최근 몇 년 동안 단 한 번도 영업이익이나 당기순이익을 낸 적이 없었다. 단지 항암치료제가 개발되고 외국에서 임상실험을 진행하게 되었다는 소식만으로 주가가 올랐던 것이다. 분위기에 휩쓸려 이 기업에 투자했던 이들은 임상 실험이라는 것이 보통 10년은 걸리고 3상까지 간다고 해도 막판에 인증을 못 받는 경우가 많다는 것을 미처 알지 못했다. 그 회사의 대표도 기업의 가치를 올리기보다는 기업의 치장에만 신경을 썼던 탓에 내실을 강화하지 못했다. 결국 임상 실험에서 좋은 결과를 내지 못했고, 주가는 얼마 되지 않아 최고가에서 반 토막이 났다.

늘 강조하는 것이지만, 투자를 하려면 투자처의 본질을 제대로 파악해야 한다. 구체적인 자료 조사도 하지 않고 눈에 보이는 화려함에 도취되어 부화뇌동하는 투자는 손해만 날 뿐이다.

시세가 아닌
가치를 보라

투자에서 매수 가격은 투자 수익과 직결되어 있다. 아무리 좋은 투자처라고 해도 저가에 매수하지 않으면 이익이 줄거나 손해가 날 수 있다. 그런데 문제는, 매수 가격이 늘 움직인다는 것이다.

부동산 경매에서 가장 힘든 점 중의 하나가 입찰가를 산정하는 것이다. 아파트 시세를 파악하고 유료 경매 사이트를 통해 입찰 아파트 근처의 낙찰가 평균 등을 계산하여 입찰가를 산정해도 낙찰받을 가능성은 희박하다. 부동산 경매 법정에 모인 수많은 사람들이 와자지 껄하는 소리에 자신도 모르게 가격을 올려 입찰해서 낙찰받는다 한들 이익이 나지 않으면 소용없다.

그런 이유로 전날 입찰표를 미리 작성하거나 아예 출력을 해서 가지고 가는 경우도 있다. 현장에서 우연히 다른 사람의 입찰가를 봤다면 몰라도 대부분의 경우 처음 산정한 가격으로 써야 낙찰이 됐을 때 수익이 난다. 처음부터 수익이 나는 금액을 계산해서 나온 가격이기 때문이다.

주식 투자는 이보다 더 까다롭다. 좋은 종목을 발견했다고 해도 현재의 주가가 높으면 입맛만 다시게 되고, 아쉬운 마음에 매수를 하면 단기간에는 크게 손해를 볼 수 있다. 손해를 보지 않는다고 해도 작은 이익에 만족해야 하는 경우가 생긴다. 인내와 끈기를 가지고 원하는 매수대가 올 때까지 기다리는 것이 주식 투자에서 가장 중요한 핵심이다.

평정심을 유지하는 힘

가격은 지속적으로 움직인다. 주가처럼 몇 초사이에도 쉴 새 없이 움직이는 가격도 있고, 부동산처럼 몇 달 내지 몇 년 동안 서서히 움직이는 가격도 있다. 가격이 올라가면 그나마 안심이 되는데 떨어지면 노심초사하게 된다. 물론 가격이 올라가면 올라가는 대로 언제 팔아야 할지 고심하게 되는 것은 마찬가지이다. 성공적인 투자를 하기 위해서는 가격이 널뛰기를 해도 평소와 같은 평정심을 유지할 수 있어야 한다.

'평균 회귀의 법칙'에 따라 가격은 가치에 맞게 오르락내리락한다. 눈앞에 이익이 보인다 해도 더 길게 보면 아주 작은 이익에 불과할 수 있고, 손해가 조금 난다고 하더라도 그때야말로 싸게 구입할 수 있는 마지막 기회가 될 수 있다. 따라서 투자하는 자산의 본래 가치를 파악할 수 있는 눈을 키워야 한다.

가격은 현재 사람들이 지불하는 금액이지만 가치는 본연의 금액이다. 가치도 가격도 지속적으로 변한다. 가치가 오르는 것에 따라 가격이 올라갈 수도 떨어질 수도 있고, 가치가 떨어지는 것에 따라 가격이 올라갈 수도 떨어질 수도 있다. 대체로 가치와 가격은 일정한 간격을 두고 서로 만나고 헤어지기를 반복한다.

시세는 이와 같이 늘 변화하고 움직인다. 시세를 마음대로 조종하거나 움직일 수 있는 개인이나 단체는 절대로 없다. 몇 조 원의 돈을 가지고 시세를 조종한다고 해도 일시적인 변화를 줄 뿐이지 장기적으로 움직일 수 있게 하는 것은 아니다. 시세에 맞서 싸우려 하지 말고 소나기가 올 때는 피하고 햇빛이 내리쬘 때를 기다려야 한다. 당장은 무릎까지 비가 온다고 해도 소나기는 짧은 시간 안에 집중적으로 내린 뒤 그치고 빗물은 햇살에 금세 말라버린다.

본질을 읽어야 전략이 보인다

가격이 떨어질 때는 현상에 주목하지 말고 본질에 주목해야 한다. 떨어지는 이유가 투자 자산의 본질과 연관이 있는지를 따져보고 유지 또는 매도를 결정해도 결코 늦지 않다. 투자금을 모두 잃을지도 모른다는 공포심에 휘말려 섣불리 매도하지 말고 한번 심호흡을 한 다음 이성적으로 냉정하게 따져볼 필요가 있다. 처음의 투자 아이디어와 원칙에서 변함이 없는지를 다시 한번 살펴보는 것이다.

가격이 올라갈 때는 사람들의 탐욕에 의한 일시적인 현상인지 본연의 가치를 찾아가는 과정인지를 판단해야 한다. 본연의 가치와 상관없이 사람들의 탐욕에 의한 일시적인 현상이라면 일단 팔고 나오는 것이 맞지만, 가치에 맞게 오르고 있는 것이라면 유연하고 여유 있게 가격 상승을 즐기면 된다.

안랩(구 안철수연구소)은 1995년 백신 소프트웨어 전문개발 회사로 시작해 통합보안업체로 성장한 기업이다. 다양한 바이러스를 퇴치하고 예방하는 백신을 개발하며 꾸준히 발전해왔다. IT기업답게 주가가 내재가치에 비해서는 높은 편이었지만 외부요인에 의해 흔들리지는 않는 편이었다.

그런데 그런 안랩의 주가가 2011년 9월 당시 안랩의 대표를 지낸 안철수 현 의원이 서울시장 후보로 나선다는 소문이 나면서부터 오르기 시작했다. 기업의 본질과는 상관 없이 외부적인 요소에 영향을 받은 것이다. 얼마 지나지 않아 안철수 전 대표가 서울시장 선거 불출마 선언을 하면서 주가가 잠시 주춤했지만, 서울시장 후보로 나서지 않은 이유가 차기 대선에 출마하기 위함이라는 설이 나오면서 다시 급등하기 시작했다. 서울시장 선거 출마설이 나오기 전인 2011년 8월에 2~3만 원대였던 주가는 2012년 1월 6일에 16만 7200원을 찍기에 이르렀다. 그러나 이후 하락세를 이어갔다.

시세는 늘 움직이며, 누구도 정확하게 예측할 수 없다. 시세를 이용할 수 있다는 자만심에 투자를 하면 안 된다. 투자처의 가치를 정확하게 파악할 수 있는 능력을 기르는 것이 우선이다. 본질을 보는 능력을 길러야 가격 변동에도 대처할 수 있다.

장기투자와
묻어두기 투자는 다르다

　연세가 지긋한 어르신들은 땅에 대한 애착이 강하다. 땅값이 올라 돈을 번 경험이 많기 때문이다. 투자가 뭔지도 모르던 농사꾼이 도시 개발로 인해 토지 보상을 받은 뒤 조금 더 떨어진 곳의 토지를 사서 농사를 지었는데 도시가 그곳까지 팽창하는 바람에 또 토지 보상을 받아 몇 백억 원을 벌게 되었다는 이야기도 있다.

　서울에서는 어디에 살든 자기 집 하나만 가지고 있으면 언젠가는 돈을 벌 수 있었다. 시가로 얼마 하지 않던 빌라를 20년 넘게 보유하고 있다가 재개발이나 재건축 바람이 불 때 높은 가격에 팔고 이사를 하는 경우도 많았다.

　'묻어두고 있다가 돈을 번' 사례는 주식 투자에서도 드물지 않았다. 2006년 고위공직자 재산 공개 당시 신철식 기획예산처 정책홍보관리실장은 30년여 전에 상속받은 삼성전자 주식을 처분하면서 600배에 달하는 평가이익을 냈다고 밝혔다. 무려 120억 원에 달하는 돈이었다.

이러한 사례들은 땅이든 집이든 주식이든 묻어만 두면 돈을 벌 수 있다는 인식을 많은 이들에게 심어주었다. 투자를 잘 몰라도 일단 사놓고만 있으면 저절로 가격이 오른다고 믿는 '장기투자의 환상'에 빠뜨린 것이다.

하지만 과거 장기투자의 성공 사례는 전 세계적으로 고도성장기였기에 가능한 것이었다. 특히 최근 20여년 동안 우리나라는 여타의 나라에 비해 훨씬 더 급격한 고도성장을 했다. 금본위제가 폐지되고 세계적으로 달러가 유통되면서 유동화의 힘에 의해 자산 가격이 올라간 것도 무시할 수 없는 한 요소였다. 그러나 이제는 저성장기에 접어들었기에 무작정 묻어둔다고 해서 이익을 볼 수는 없게 되었다. 장기투자의 전략은 유효하지만, 아무 곳에나 돈을 넣어둔다고 해서 불어나는 것은 아니다.

장기적인 관점을 갖되, 늘 주시하라

리스크 관리와 배당투자의 권위자 제레미 시겔Jeremy Siegel은 그의 저서 〈제레미 시겔의 주식투자 바이블〉(거름, 2001)과 〈제레미 시겔의 투자의 미래〉(청림출판, 2006)를 통해 장기투자의 위대함을 이야기한다. '매수 후 보유buy and hold' 전략이야말로 인플레이션을 감안할 때 투자 리스크를 줄이고 수익은 올리는 방법이라는 것이다. 또한 그는 장기투자의 수익률에서 중요한 요소는 '배당'이라고 분명히 적시한다. 배당을 받아 재투자했을 때 장기투자가 빛을 발하기 때문이다.

결국 장기 보유의 중요한 요소 중의 하나는 현금 흐름이다. 장기 보유를 하면서도 지속적인 수익을 내는 구조를 갖추고 있는지의 여부를 먼저 따져봐야 한다. 매월 대출이자로 50만 원을 낸다고 해도 월세로 60만 원이 들어온다면 이런 투자 자산은 얼마든지 보유하고 갈 수 있다. 시세가 얼마이든지 간에 돈이 되는 물건을 굳이 팔아야 할 이유가 없는 것이다.

그러나 장기 보유를 계획하고 있다고 하더라도 끊임없이 투자 대상을 관찰하고 조사하고 연구해야 한다. 투자란 묻어두면 되는 것이 아니다. 앙드레 코스톨라니가 주식 투자로 돈을 벌려면 우량주를 산 다음 수면제를 먹고 몇 년 동안 푹 자는 것이 가장 좋다고 이야기했지만, 그건 주식 투자의 변동성에 휘둘리지 말라는 뜻이지 돈만 넣고 무조건 기다리라는 이야기가 아니다. 장기적인 관점으로 투자하되 꾸준히 지켜보다가 문제가 생기면 매도를 하거나 투자 비율을 조정해야 한다. 지금 승승장구한다고 해도 그 기세가 언제까지 지속될지는 아무도 모른다.

영원불멸의 투자처는 없다

대기업은 절대로 망하지 않을 것이라 생각하는 사람들이 있다. 그러나 100년 가는 기업은 전 세계에서도 드물다. 한때 삼성, 현대를 누르고 최고 기업으로 우뚝 섰던 대우가 있었다. "세계는 넓고 할 일은 많다"던 김우중 전 회장이 창립한 대우는 세계적으로 사세를 확장했지만 그 기세는 이제 사그라졌다. 대우라는 이름의 계열사들이 남아 있지만 위세는 예전과 다르다. 한창 잘나가던 시절 대우의 주식과 채권에 투자했던 투자자들은 엄청난 손실을 보았다. 대기업은 망하지 않을 것이라 믿고 투자한 사람들에게는 악몽과도 같았을 것이다.

100년 전 미국 최초로 다우지수에 포함된 12개 기업 중에서 아직까지 한 번도 탈락하지 않은 기업은 없다. 유일하게 GE만 한 번 탈락했다가 다시 복귀했을 뿐이다. 아무리 잘나가는 기업이라도 망할 수 있고 사라질 수 있다.

어떤 투자처도 영원불멸하지는 않다. 무조건적으로 장기투자만 외치는 것은 자신의 게으름을 드러낼 뿐이다. 장기적인 관점으로 투자를 하되, 투자 대상을 관찰하고 연구하고 공부하는 것을 소홀히 해서는 안 된다.

좋은 대출,
나쁜 대출

　오늘날 우리가 생각하는 대출의 개념으로 처음 사업을 시작한 것은 유대인들이었다. 그들은 지역 권력자가 장악한 대부분의 직업에서 추방당하면서 사람들이 기피하는 세금 및 소작료 징수, 고리대금업 등의 사업에 뛰어들었다.

　이렇게 시작된 대출 사업은 자본주의의 발전에 큰 공을 세웠다. 이전에는 자기자본만으로 모든 것을 다 해결해야 했기에 사업이든 투자든 그 규모가 일정 수준 이상으로 클 수 없다는 근본적인 한계가 있었다. 하지만 대출 사업이 활성화되면서 사업가들은 자기 재산의 몇 배에 해당하는 자본을 조달할 수 있게 되었다. 결과적으로 대출 사업은 산업혁명의 돈줄 역할을 톡톡히 했다.

　이처럼 대출은 가진 돈이 적어도 사업에 도전할 수 있는 기회를 제공한다는 점에서 긍정적인 힘을 발휘한다. 그러나 무엇이든 과하면 문제가 되는 법. 일정 수준 이상의 부채는 회복 불가능한 치명타가 되어 돌아올 위험이 있다.

외부의 도움 없이 순전히 자기자본만을 가지고도 사업을 운영하고 규모를 키워나갈 수 있다면 그것만큼 좋은 일은 없을 것이다. 하지만 현실적으로는 쉽지 않다. 차입 없이 꾸준하게 성공한 기업들도 있으나, 대부분의 경우에는 경제적인 위기의 순간에 차입으로 어려움을 극복하고 한 단계 더 발전한다. 만약 차입을 통해 자금을 조달받지 못했다면 우리나라 기업들 대부분은 지금과 같은 성공을 꿈도 꾸지 못했을 것이다.

똑똑하게 활용하라

개인에게도 대출은 독이 될 수도, 득이 될 수도 있다. 개인이 대출을 받을 때는 현금 창출을 위한 대출인지, 소비를 위한 대출인지를 곰곰이 따져봐야 한다. 가장 어리석은 대출은 본인의 예금 혹은 적금을 담보로 대출을 받는 것이다. 불입한 금액이 꽤 된다고 해도 대출 금리는 이길 수 없다. 이 경우에는 대출받는 대신 예금 혹은 적금을 해약하고 그 돈을 쓰는 것이 낫다. 절대로 예금이자를 생각하며 아쉬워해서는 안 된다.

투자를 위한 대출을 받을 때 가장 중요하게 생각해야 할 것은 최소한 대출이자 이상의 수입을 낼 수 있느냐 하는 것이다. 부동산 투자의 경우 대부분은 대출을 받는데, 이자를 내고도 꾸준히 들어오는 돈이 있으면 큰 문제가 없다. 매월 내는 이자가 25만 원인데 매월 들어오는 월세가 30만 원이라면 충분히 감당할 수 있다. 차익 5만 원이면

금리 변동에도 적절히 대처할 수 있다. 그러나 이자보다 수익이 낮을 경우에는 절대 대출을 받아서는 안 된다.

권리분석과 물건분석, 수익분석까지 다 끝낸 부동산 투자처가 눈에 들어왔지만 가진 돈은 입찰할 금액밖에 안 된다고 가정해보자. 이럴 경우 확실히 임대수익을 낼 수 있는 금액으로 입찰하여 낙찰받은 후에 낙찰가의 80%는 은행 대출로 해결하고 부족한 부분은 지인을 통해 빌리는 방법을 생각해볼 수 있다. 물론 이처럼 대출을 많이 받을 경우 월세 보증금을 통해 회수되는 금액으로 짧은 시간 내에 빚을 갚고 월세 소득을 얻을 수 있어야 한다.

의외로 부자들 중에 대출 없는 경우가 드물다. 일부러 대출을 받기도 한다. 이를테면 절세와 증여의 목적으로 건물에 대출을 받아 자녀에게 부담부 증여를 하는 것이다. 10억 원짜리 건물을 자녀에게 증여하면서 4억 원을 대출받았다고 했을 때 대출받은 4억 원은 증여로 보지 않는다. 실제로는 10억 원을 증여한 것이지만 6억 원에 해당하는 증여세만 내고 4억 원은 대출을 승계한 것으로 처리되는 것이다. 매월 4억 원에 해당하는 대출이자는 월세를 받아 납입하고 증여세는 분납한다.

적절한 대출은 투자를 하는 데 있어 어느 정도 도움을 준다. 대출에 기대어 무모하게 투자를 해서도 안 되지만, 무조건적으로 기피하면 기회를 놓칠 수 있다. 자신의 능력 범위에 따라 잘 가려서 받는 대출은 자신을 성장시키는 요소로 작동한다.

블랙스완에
대비하라

백조는 오로지 흰색만 있다고 믿어 의심치 않던 때가 있었다. 흰색이 아닌 백조는 한 번도 눈에 띈 적이 없었기에 굳이 따져볼 필요도 없이 당연한 사실로 받아들여졌다. 그런데 어느 날 오스트레일리아에서 검은 백조가 발견되었다. 백조는 흰색만 존재한다고 믿었던 사람들에게 이 사건은 충격 그 자체였다.

나심 니콜라스 탈레브Nassim Nicholas Taleb의 책 제목이기도 한 '블랙스완' 이야기는 우리에게 많은 것을 시사한다. 블랙스완은 '극단적으로 예외적이어서 발생 가능성이 없어 보이지만 일단 발생하면 엄청난 충격과 파급효과를 가져오는 사건'을 가리키는 용어이다. 그야말로 생각지도 못한 일이 발생한다는 것인데, 탈레브는 온갖 최첨단 금융 기법으로 무장한 투자자나 운용회사도 이 블랙스완에 제대로 대처하지 못하면 하루아침에 무너질 수 있다고 경고한다.

헤지펀드 LTCM의 몰락

1994년 세계적인 투자회사 살로몬 브러더스Salomon Brothers의 부사장이자 채권거래팀장이었던 존 메리웨더John Meriwether가 투자회사를 설립했다. 매사추세츠 공과대학, 하버드 대학, 런던 대학 등 유명 대학교의 석박사 출신 학자들로 구성된 롱텀 캐피털 매니지먼트Long Term Capital Management(LTCM)가 그것이다. LTCM은 두 명의 노벨 경제학상 수상자를 배출할 정도로 경제학과 수학에 조예가 깊은 사람들로 이루어져 있었고, 매년 28~59%의 수익률을 올리는 이들의 능력은 의심할 나위가 없어 보였다. 투자금 받는 것을 제한해야 할 정도로 엄청난 규모의 투자금이 몰려들었다. LTCM에게 돈을 맡긴다는 것은 이미 돈을 벌고 있다는 뜻이나 마찬가지였다.

하지만 영원할 것 같았던 LTCM의 수익은 어느 날 한 순간에 무너지고 말았다. 1998년 러시아의 모라토리엄 선언으로 손쓸 틈도 없이 손실이 커져 파산 신청을 하기에 이른 것이다. 이들은 투자금을 탐욕적으로 운영하지도 않았다. 1997년 주식 옵션의 가치를 결정하는 새로운 공식을 고안해 공동으로 노벨 경제학상을 수상했던 로버트 머튼Robert K. Merton과 마이런 숄스Myron S. Scholes도, 살로몬 브러더스 재직 시절에 수익의 대부분을 창출했던 걸출한 실전투자자 존 메리웨더도 재앙을 피하지는 못했다. 예상치 못한 위기 상황이 벌어질 수도 있다는 사실을 염두에 두지 않았던 것이다.

누구도 피해갈 수 없다

우리나라에 재개발, 재건축이 한창이던 2007년의 일이다. 부동산 투자를 하던 지인은 우연히 재개발, 재건축 시장에 뛰어들어 괜찮은 수익을 얻게 되었다. 서울의 거의 전 지역에서 재개발, 재건축이 진행됐다고 해도 될 정도로 열풍을 넘어 광풍이 불던 시기였다. 한 번 수익을 맛본 지인은 괜찮은 지역을 발견하고는 본격적인 투자에 나섰다. 그는 평소 자신에게 좋은 투자처가 있으면 소개해 달라고 하던 지인과 함께 투자를 하기로 했다. 그리고 자신이 운영하는 온라인 카페에까지 그 지역을 소개했다. 그곳은 재개발, 재건축이라는 호재에, 사람들이 몰려들어 시세를 물어보고 다닌다는 소문까지 더해져 집값이 무섭게 올라갔다.

그 지역에 투자한 사람들은 함께 행복한 꿈을 꾸었고 관계는 더욱 돈독해졌다. 계속 올라가는 가격에 사람들의 웃음은 끊이지 않았고 카페는 온갖 핑크빛 전망으로 가득 찼다. 관련 뉴스와 구청 소식을 통해서 재개발, 재건축 계획이 윤곽을 잡아가고 있음을 확인하게 되면서 투자를 권했던 지인은 '투자의 대가'로 대접을 받았다.

그런데 영원할 것처럼 치솟던 가격은 어느 날 갑자기 멈추고 말았다. 2008년 미국발 금융위기 사태가 터진 것이다. 하늘 높은 줄 모르고 오르던 가격은 무섭게 떨어지기 시작했다. 더 이상은 떨어지지 않을 거라며 위안하던 이들은 결국 매입했던 주택을 다시 내놨지만 매매 심리가 꽁꽁 얼어붙어 팔리지도 않았다. 한때의 승리감에 도취되어 몇 억씩 대출을 받아 무리하게 여러 채를 구입했던 사람들은 까마

득한 낭떠러지로 몰리게 되었다. 결국 함께 투자했던 사람들의 관계
는 악화되었고, 투자를 권했던 지인은 사기꾼으로 몰려 도망을 다녔
다. 그가 투자했던 주택은 대출이자를 갚지 못해 경매로 처분되었고
빚만 2~3억 원이 남았다.

블랙스완은 우리가 예상하지 못할 때 갑작스럽게 찾아온다. 누구
도 피해갈 수 없다. 자신의 판단이 틀릴 수 있다는 의심을 가지고, 언
제든지 유연하게 움직일 수 있는 환경을 만들어야 한다. 뜻하지 않은
블랙스완이 찾아와도 감당할 수 있는 여지 내에서 투자해야 한다. 망
하는 것은 한 순간이다. 자만심으로 가진 것의 '전부'를 걸다가는 '전
무全無'해질 수 있다.

매도 전까지는
끝난 것이 아니다

투자의 세계에 진입장벽은 없다. 각자 가지고 있는 돈만큼 투자를 하면 되기에 누구나 할 수 있다. 하지만 포기하지 않고 지속적으로 꾸준히 하는 사람은 드물다. 중간에 그만두겠다는 생각으로 시작하는 사람은 없지만, 자꾸 일희일비하다 보면 심적으로 지쳐서 금세 포기하게 된다.

여러 번 설명한 바와 같이 가격은 늘 변한다. 가격은 올라갈 수도 있고 떨어질 수도 있다. 그런데 여기서 반드시 기억해야 할 것이 있다. 이 가격은 사람들이 현재 거래하는 금액이지 당신이 매도한 금액은 아니라는 것이다. 매수한 금액과 현재 금액이 다르다고 해도 매도하기 전까지는 이익이 난 것도, 손실이 난 것도 아니다.

팔 것인가, 말 것인가

우리나라 주식 시장에는 중국 회사도 상장되어 있다. 중국에서 운영

218

하는 국내 회사가 아니라, 중국인이 중국에서 창업하여 운영하는 중국 회사가 상장한 것이다. 이런 회사 중에 차 위주의 건강식품을 제조, 가공하는 차이나킹이라는 기업이 있다.

필자는 꾸준한 매출이익을 보여주고 있는 차이나킹을 눈여겨보다가 2011년 8월 1일부터 5일 사이에 차이나킹의 주식을 평균 가격 2100원에 매입했다. 차이나킹은 마케팅 능력도 부족하고 많은 부분에서 미숙했지만 저평가되었다는 판단이 들어 매입을 결정했다.

그런데 2011년 1월 중국의 섬유 전문업체인 중국고섬공고유한공사가 국내 주식예탁증권KDR을 상장할 당시 재무제표를 허위로 기재해 자본시장법을 위반한 사실이 2011년 3월에 밝혀졌다는 것을 뒤늦게 알게 됐다. 이 사건 때문에 국내에 상장된 중국 회사들의 신뢰도에 금이 갔고, 투자자들은 아무리 좋은 실적을 내도 중국 회사에서 제공하는 재무제표는 믿지 못하고 있었다. 게다가 분식회계를 한다는 의심에서도 벗어나지 못했다. 상황이 심각해지자 회사의 실적이나 본질과는 상관없이 국내에 상장된 중국 회사의 주가가 한 묶음으로 떨어지던 중이었다. 차이나킹도 타격을 받아 하락세에 들어선 것이었으며, 8월 12일에는 1700원대까지 떨어졌다.

하지만 필자가 처음에 가졌던 투자 아이디어는 변함이 없었다. 지금 당장은 중국 회사들에 대한 인식이 좋지 않아 하락세를 보이고 있지만, 차이나킹의 비전을 믿었기에 꾸준히 상승할 것이라고 판단했다. 주가는 떨어졌지만 매도하지 않았기에 아직 손해를 본 것은 아니라며 스스로를 다독이고 평정심을 되찾기 위해 노력했다. 보유 현금이 충분하지 않아 추가적인 매수를 하지는 못했지만 팔아야 할 이유가 없어 팔지 않았다.

그런데 2012년 6월 차이나킹의 왕위에런王躍仁 대표가 신주인수권부사채BW 발행을 통해 조달한 자금으로 화장품 시장에 진출하겠다고 발표하면서 주가는 다시 상승세를 탔고, 11월에는 3800원대까지 올랐다. 수익률이 무려 80%가 넘었다. 인내한 보람이 있었다. 그러나 처음 차이나킹을 매수할 당시의 아이디어는 여전히 유효했기에 팔지 않고 계속 보유했다. 손해가 났을 때와 마찬가지로 80%의 수익은 그저 눈으로 보는 주가일 뿐 실제로 얻은 수익이 아니라는 것을 상기시키며 때를 기다렸다.

그러나 차이나킹은 2012년 11월 28일 화장품 사업을 취소한다는 공시를 했다. 게다가 화장품 사업을 위해 발행했던 BW의 현금 사용에 대한 의심까지 겹쳐 시장의 신뢰를 잃었다. 주가는 다시 하락하여 2000원대까지 떨어졌다. 차이나킹의 주가는 2013년 11월 11일 현재 2365원이다. 너무 욕심을 부렸다는 후회가 들기도 하지만 아직 매도하지 않았기에 여전히 손해를 본 것도, 이익을 본 것도 아니라고 위안한다. 머지않아 다시 오를 것이라고 믿기에 아직까지도 매도하지 않고 있다.

가격이 아닌 가치를 보라

〈보수적인 투자자는 마음이 편하다〉〈위대한 기업에 투자하라〉(이상

굿모닝북스, 2005)를 펴낸 필립 피셔는 성장주투자로 유명하다. 현재의 주가에 괘념치 않고 기업의 성장 관점에서 투자한다. 그는 모토로라의 주식을 1956년부터 꾸준히 사들여 평균 주당 42~43달러에 매수한 후에 월스트리트의 부정적인 의견에도 불구하고 꿋꿋하게 보유했다. 그리고 44년이 흐른 2000년에 주식을 팔았다. 당시 모토로라의 주식은 무려 주당 1만 달러였고, 필립 피셔는 240배 이상의 수익을 얻었다.

필립 피셔가 모토로라의 주식을 보유한 44년 동안 주가는 끊임없이 널을 뛰었을 것이다. 그러나 가격 변동에 아랑곳하지 않고 자신만의 원칙에 따라 주식을 끝까지 팔지 않고 보유한 결과 무려 240배라는 엄청난 수익을 볼 수 있었다.

7장

투자에서 인내란
대체 무엇인가

발견을 위한 참다운 항해는
새 땅을 찾아내는 것보다도
세상을 새로운 눈으로 보는데 의의가 있다.

마르셀 프루스트 Marcel Proust

인내가
전부다

2010년에 우연히 화장품 ODM회사가 있다는 걸 알게 되었다. ODM은 'Original Development Manufacturing'의 약자로 주문자의 의뢰를 받아 원하는 제품을 만들어주는 회사를 말한다. 쉽게 말하면, 우리가 알고 있는 브랜드의 화장품 회사들은 ODM회사로부터 납품받은 화장품을 유통하고 마케팅 하는 회사라고 보면 된다. 우리나라에는 화장품 ODM회사 수가 제법 많았다. 그 가운데 **한국콜마**와 **코스맥스**라는 회사가 있었다. 2010년도 이전까지만 해도 중저가 화장품 회사들이 돌풍을 일으키면서 서울시내 지하철 역 안에 매장을 가질 정도로 인기를 끌었다. 그런 현상을 궁금해 하던 중 화장품 ODM회사를 알게 되고 눈여겨보게 된 것이다.

당시 한국콜마가 코스맥스보다 매출과 이익은 물론이고 주가도 훨씬 높게 형성되어 있었다. 코스맥스가 한국콜마보다 여러 면에서 부족한 상황이었다. 더구나 한국콜마는 화장품 ODM뿐만 아니라 의약 쪽에서도 매출이 발생하고 있어 포트폴리오가 잘 구성되어 있었다. 재무제표를 비롯해 여러 가지 지표들을 검토한 결과 현재는 한국콜마가 좋지만 곧 코스맥스가 더욱 좋아질 것이라는 판단이 들었다. 코스맥스는 중국에 공장을 세워 이제 막 매출이 발생하고 있는 시점이었고 두 번째 공장도 준비 중이었다. 한국콜마는 중국 공장 진출이 다소 늦었다.

이 부분이 기회라 판단되어 현재가 아닌 미래에 더 중심을 잡고 코스맥스를 매집했다. 여러 번에 걸쳐 매수해서 평균 매입단가가 약 7900원이었다. 2010년 9월에서 11월까지 매수했던 코스맥스는 예상대로 조금씩 오르기 시작했다. 당시만 해도 중국과 관련된 기업은 실적과 무관하게 주가가 무한정 오르던 시기는 아니었지만, 지속적으로 좋은 실적에 주가가 화답을 했다. 주가는 이미 1만원을 넘어섰다. 6개월이 채 안 된 2011년 2월부터 예상대로 기업은 꿈틀거렸고 주가가 그것에 발맞춰 상승곡선을 그렸다. 주가가 1만 2000원까지 오르기도 했다.

기업은 아무런 문제가 없었지만 나한테 문제가 생겼다. 돈이 필요했다. 당시 부동산 경매를 하며 잔금을 지불해야 했는데, 필요한 돈은 1000만원이 넘었다. 1000만원 넘는 돈이 코스맥스에 들어가 있던 상황이니, 코스맥스를 매도해 해결할 것인지 그 금액만큼 대출을 받아 투입할 것인지가 고민이었다. 그런데 고민은 그리 오래가지 않았다. 대출은 갚아야 할 돈이지만, 코스맥스를 매도해서 들어오는 돈은 갚을 필요가 없었다는 데 마음이 고정되었다.

결국 코스맥스에 들어간 돈을 매도하기로 결정했다. 여기서 더 억

울했던 점은 1만 2000원까지 올랐던 주가는 1만원대까지 떨어져 있었다. 이미 돈이 필요해서 매도하기로 했기에 미련을 갖지 않았다. 그나마 다행이라면 모든 걸 전부 매도하지 않고 100주 정도는 남겼다가 좀 더 시간이 지나 1만 1500원 정도에 매도했다. 못해도 1주당 2000원 정도 수익을 얻었으니 꽤 괜찮은 편이었다. 반년 만에 수익률이 상당했으니 성공했다고 평가할 만했다.

그 이후 두고두고 배 아파하며 코스맥스를 되새김질해야 하는 현상이 연출되었다. 코스맥스는 그 후 두 번째 공장도 가동하며 중국에서 매출이 늘어나는가 하면 프랑스 화장품 회사 **로레알**에도 납품을 하면서 품질을 인정받았다. 이에 따라 매출과 수익이 쭉쭉 올라 주가도 계속 올랐다. 한때 24만 3000원까지 상승했던 주가는 2016년 5월 4일 기준으로 많이 떨어져서 14만 500원대를 유지했다. 그 당시에 매도하지 않고 갖고 있었으면 엄청난 수익을 냈을 것이다. 보유기업 중 **동서** 같은 경우에는 6년도 넘게 보유한 것처럼, 쉽사리 매도하지 않는 내 성격대로 차라리 대출을 받고 주식을 보유했더라면 어땠을까 하며 많이 아쉬워하는 기업이다.

우리는 모두 미래를 예측한다. 예측이 틀릴 수도 있고 맞을 수도 있다. 미래는 우리 생각처럼 되지 않는 것은 당연하다. 중요한 것은 예측이 맞았을 때와 틀렸을 때에 우리가 대처하는 반응이다. 틀렸다는 판단이 들면 빠져나와야 하고 맞는다는 판단이 들면 계속 지켜봐야 한다. 결코 쉽사리 투자에서 이익이 났다는 것만 갖고 이익을 조기 확정하면 안 된다. 인내를 해야 하는 전제조건 중 투자에 들어간 돈의 성격도 중요하다. 내가 여윳돈으로 했다면 당시에 들어간 돈은 지금 1억도 넘었을 것이다. 중간에 내 의지가 아닌 어쩔 수 없는 상황에서 매도했다는 것은 진정한 여윳돈이 아니라는 의미다.

주식에서 부동산으로 자본이 이전한 것일 뿐이라 하더라도 명확히 구분해서 투자해야 한다. 주식에 투자할 돈이면 철저하게 주식으로만 굴리며 점점 커다란 눈덩이를 만들었어야 했다. 다행히 수익이 났지만 씁쓸하게 입맛만 다시며 같은 실수를 하지 않아야겠다고 생각했다.

인내가
전부는 아니다

확증편향確證偏向이라는 말이 있다. 자신이 보고 싶은 것만 보고 듣고 싶은 것만 들으면서 스스로 반대되는 증거나 내용은 무시하는 걸 의미한다. 확증편향에 빠지면 제대로 사물을 인식하지 못하고 인지 부조화cognitive dissonance에 빠진다. 자신이 갖고 있는 신념과는 반대되는 현상이 왔는데도 믿지 않고 자신이 끝까지 옳다고 생각한다. 자신이 잘못되었다는 점을 자각하지 못하고 더욱 한쪽으로 편향되며 몰입한다. 투자에서 가장 경계해야 할 점이 바로 이것이다.

엄밀하게 말하면, 투자가 아닌 투기에서 이런 일이 자주 발생한다. 투자를 해야 하지만 투기를 할 때가 있다. 이럴 때는 대부분 이익에 눈이 멀어 있다. 나에게 **삼성중공업**이 그랬다. 삼성중공업은 특이하게도 본주보다 우선주가 더 주가가 비싼 특이한 주식이었다. 우선주는 의결권은 없지만 배당은 더 많이 주는 경우가 많다. 삼성중공업은 우선주에 대한 기사를 읽다가 발견하게 된 기업이었다.

특이하다는 생각과 함께 기업을 봤다. 주식투자를 하지만 차트는 보는 방법도 모를 정도로 무시한다. 그저 과거에 최고주가와 최저주가가 어느 정도였는지 확인하는 정도에 그친다. 삼성중공업 보통주를 보는데 내 눈에 이상한 현상이 들어왔다. 정확하게는 보고 싶은 것만 보는 현상에 빠졌다. 아무리 들여다보고 또 들여다봐도 내 눈에는 분명히 보였다. 삼성중공업 주가는 2만 9000원 근처로 주가가 내려가면 다시 오르기 시작했다.

당시에 내가 차트를 볼 때 무려 두 번이나 그런 일이 반복되었다. 지금 다시 차트를 보면 결코 그렇지 않은데 당시에는 그렇게 보였다. 그걸 발견하고는 다시 한 번 혹시나 3만원 근처로 오면 삼성중공업을 매수하기로 마음먹었다. 삼성중공업은 이름만 들어도 알 수 있는 기업인데다 결코 망하지 않을 기업으로 보았다. 2014년 봄에 드디어 기회가 왔다. 무슨 일인지 몰라도 삼성중공업 주가가 내려가기 시작했다.

떨어지는 칼날을 잡으면 아무리 뛰어난 실력자라도 베이기 마련이다. 살점이 떨어져 나가진 않더라도 피를 아주 조금이라도 보게 된다. 삼성중공업 주가가 떨어졌으니 무엇 때문에 떨어지고 있는지부터 확인했어야 했다. 기업의 속성과 이익은 별 차이가 없는데 과도한 노이즈로 주가가 떨어지는지 여부를 확인하는 것이 중요하다. 기업 자체가 변한 것이 없다면 매수해도 되지만 기업 자체가 문제 있다면 쳐다보지도 말아야 한다. 당시에 난 이런 기본적이고도 기초적인 부분을 게을리 했다. 이미 확증편향에 빠져 있어 삼성중공업이 3만원 근처까지 왔다는 사실만 눈에 들어왔다.

아주 커다란 이익을 보지 않으려 했다는 점 때문에 더욱 그런 오판을 했는지도 모른다. 그저 3만 1000원만 되면 무조건 다시 매도할 예정이었다. 좋게 표현해서 차익거래를 실현한다는 거창한 목표였다. 짧게 이익내고 나온다는 소박한 목표였으니 더욱더 확증편향에 빠져 스스로 인지부조화에 걸린 사실을 몰랐다. 시간이 지날 만큼 지났는데 주가는 계속 떨어지기만 했다. 무엇인가 이상하다는 느낌이 들었다. 이 정도면 멈출 것이라 봤는데 주가는 2만 6000원대까지 떨어졌다.

　뒤늦게 조사를 했다. 내 판단착오가 드러났다. 이번에 삼성중공업 주가가 떨어진 것은 이전 주가패턴과는 완전히 다른 행보였다는 것을 깨달았다. 삼성중공업의 주력 분야인 조선, 선박, 해양플랜트 등의 업황이 최악이었다. 단순히 삼성중공업만의 문제가 아니라 비슷한 업종의 모든 기업들이 함께 매출도 떨어지고 이익도 줄고 주가도 함께 떨어지고 있는 중이었다.

　자신의 판단이 틀렸다고 생각되면 손해를 인정하고 겸허히 받아들여야 한다. 다행히도 주가는 다시 오르기 시작했다. 조금 더 기다린 후에 2만 9000원에 더 이상 미련을 두지 않고 전부 매도했다. 다시 조금 오르면 아무래도 혹시나 하는 마음에 더 기다려 보는 것이 인지상정이다. 나는 겸허히 이익에 눈멀어 기업의 본연 가치에 집중하지 않았던 내 실수를 인정하고 실패를 기꺼이 받아들였다. 그 덕분에 적은 손실로 끝날 수 있었다.

　그 이후로 하염없이 주가는 흘러내려가기만 했다. 2016년 5월 4일

기준으로 삼성중공업은 9830원에 거래되었다. 그나마 9100원대까지 내려갔던 주가가 이만큼 올랐다. 투자가 아닌 투기는 이렇게 씁쓸한 결과를 안겨준다. 투기가 무조건 실패하고 투자는 무조건 성공하는 것은 분명히 아니다. 다만 투자대상이 자신의 예상과 다른 방향으로 변했을 때 그 대처를 어떻게 할 것인가가 문제다. 인내할 수 있느냐 없느냐 하는 중요한 판단을 내려야 한다.

만약 삼성중공업이 2만 9000원대까지 올라왔을 때 인내를 했으면 어떻게 되었을까. 결과는 뻔하다. 설마하며 기다리다가 손해만 눈덩이처럼 커졌을 것이다. 나 스스로 잘못 판단했다는 자각과 함께 이익에 눈이 멀어 삼성중공업의 본질과 기업에 대한 제대로 된 분석과 조사 없이 들어갔기에 손해로 결과가 났다. 적은 손해라는 점에 위안을 삼을 뿐이다.

분명히 투자에서 인내는 중요하다. 탐욕에 눈에 먼 잘못된 판단으로 내린 투기가 아니라 제대로 된 분석으로 판단한 투자일 때 비로소 이익은 내 것이 될 수 있다. 인내를 위해서는 꼭 성격에 부합한 여유자본을 투입해야 한다. 투자수익은 인내에 따른 보상일 뿐이다.

노력 없이
얻으려 하지 마라

컨설팅은 참고할 뿐

나는 『후천적 부자』에서 투자자 자신이 지식을 갖고 있어야만 한다고 역설했다. '법 앞에 잠들어 있는 자를 보호하지 않는다'는 표현은 이를 잘 말해준다. 나보다 뛰어난 전문가가 있으면 그에게 의뢰해 해당 분야 문제를 풀어내는 것이 가장 좋다. 이때 자신이 어느 정도 그 분야에 대해 지식을 갖고 있어야 한다. 투자와 관련해서는 특히나 그렇다. 자신이 아무것도 모르면서 무조건 전문가 말만 믿고 따를 때 문제가 생긴다.

현재 '후천적 부자 아카데미' 수업을 통해 투자와 관련된 기본적인 지식과 마인드와 방법을 알려주고 있는데, 부동산 경매도 함께 다룬다. 부동산 경매를 반드시 해야 한다는 의미가 아니라, 투자에서 주식과 부동산은 꼭 필요한 부분이기 때문이다. 실생활과 가장 밀접한 부동산, 그중에서 부동산 경매는 위험을 피하는 방법을 알 수 있는 가장 좋은 종목이다.

아카데미에 오셨던 분 가운데 이런 사례가 있었다. 부동산 경매를 배워본 적은 없는데 부동산 투자로 좀 더 저렴하게 구입하고 싶다는 것이었다. 그런 와중에 부동산 경매 컨설팅 업체를 찾아가니 마침 좋은 물건이 나왔다며 브리핑을 해줬다고 한다. 수도권에 있는 상가가 두 개 한꺼번에 나와 둘 다 입찰하기 전 조사에 들어갔다. 그런데 자신이 직접 조사한 것이 아니라 컨설팅 업체가 사전조사를 한 상태였다.

근처 부동산에서는 보증금 2000만원에 월세로 70만원을 받을 수 있는 상가라고 했다. 현재 경매 물건 두 군데 전부 임차인이 운영하는 걸로 나와 있는데, 한곳은 임차인이 보증금도 없고 월세도 내지 않으며 무상으로 영업을 하는 것으로 되어 있었다. 또 한 군데는 월세는 내지 않고 전세보증금만 내고 있는 걸로 나오며 배당을 통해 전액 다 돌려받을 수 있는 것으로 파악되었다. 두 군데 모두 현재 사무실 용도로 쓰고 있었다.

모든 것을 컨설팅 업체에 의뢰하고 입찰가격까지도 맡겼다. 총 3명이 들어와 2건의 물건을 전부 최고가 매수인이 되어 낙찰받았다. 이에 따라 낙찰가격에 따른 컨설팅 비용으로 한 건당 250만원씩 총 500만원이 들어갔다. 단지 낙찰을 받아주었다는 사실만으로 말이다. 낙찰받게 해줬으니 컨설팅 비용을 낸 것은 정당할 수 있지만 과도한 금액이란 판단이 들었다.

일단 낙찰받고 나니 너무 아는 것이 없다는 생각이 들어 '후천적 부자 아카데미' 강의를 신청했다는 것이다. 그는 강의가 끝난 뒤 개인적인 사정을 이야기하더니 도와달라고 요청했다. 어떻게 해야 할지 정확한 판단을 갖기 힘들다며 자문을 구했다. 낙찰받은 이후 컨설팅 회사에서 현장에 가 있는데, 모든 진행사항을 컨설팅 업체에서 대행해주기로 했다. 잔금납부는 자신이 직접 하지만 현재 점유하는 임차인들을 이사 내보내는 것은 컨설팅업체에서 해주기로 했다.

그는 부동산 경매에 대해 모든 것을 알지는 못해도 최소한 어떤 식으로 진행되고 돌아가는지는 알아야 한다. 그런데 전혀 모르는 상태에서 오로지 컨설팅 업체의 말만 믿고 있었다. 컨설팅 회사 측은 현재 점유자들과 이사 문제로 이야기가 진행되고 있는데, 이사비용을 주기로 했다면서 착수비 500만원을 자기 통장으로 넣으라고 했다. 내게 자문을 구하는 것은 컨설팅 업체의 법인 통장이 아닌 개인 통장으로 입금하라는 게 의심스럽기 때문이었다.

현재 변호사와 함께 이 문제를 처리하고 있으므로 조만간 점유인들을 변호사가 만날 예정인데, 착수금을 입금하라는 것이 이상하다는 거다. 나는 굳이 컨설팅 업체에게 이사 내보내는 비용을 줘야 할 이유가 있느냐고 말했다. 어차피 점유인들을 전부 이사비용 주면서 내보낸다면 직접 만나서 주면 될 것을 왜 컨설팅 업체가 나서는지 이해되지 않는다면서 최소한 컨설팅 비용이라도 아끼라고 말해주었다.

현재 컨설팅 업체가 자기 통장에 돈을 넣으라고 하는 것은 사기를 치려고 하는 것은 아니고 절세 때문에 법인 통장으로 하지 않으려 한 듯했다. 아직까지 통장에 돈을 넣은 것이 아니니 직접 하겠다는 의사 표현을 한 후에 낙찰받은 사무실에 찾아가 이야기 나누고 이사비용을 주라고 했다. 어차피 이사비용만 서로 합의하면 되니 말이다.

그 이후 그는 직접 점유인들과 전화를 해 만났다. 현장은 짐이 거의 없었지만 점유인들이 직접 처리를 해야 했기에 이에 대한 명도합의서를 쓰고 이사하는 걸로 서로 약속을 했다. 중간에 이사비용 문제로 합의가 쉽게 되지 않았지만 명도 착수금 500만원에 이사비용에 또 컨설팅 비용을 생각하면 차라리 이사비용을 조금 더 주며 해결하는 편이 속 편했다.

자신이 아주 조금이라도 알고 직접 처리하는 대가로 무려 500만원 이상을 아낄 수 있는데 컨설팅을 맡길 이유는 없다. 분명히 직접 협상을 했기에 이사비용도 컨설팅 업체를 끼고 하는 것보다 절약할 수 있을 것이다.

책과 강의로 공부

이처럼 우리 주변에는 자신보다 전문가라 불리는 사람한테 너무 절대적으로 의지한다. 물론 모든 분야를 전부 다 혼자서 커버하고 해결할 수는 없다. 그렇다 하더라도 본인 스스로 대략적인 흐름과 지식을 갖고 있어야 소중한 내 돈을 지킬 수 있음을 명심해야 한다. 위 사례에서는 점유인을 내보내는 컨설팅 비용을 500만원이나 아낄 수 있었다. 나중에 또 낼 돈까지 따지자면 최소한 1000만원 정도는 세이브하지 않았을까.

우리는 오늘도 길을 걷다 보면 벽에 붙은 부동산 경매 컨설팅 전단지를 만나고, 인터넷을 열면 주식투자로 돈 벌 수 있는 기업을 알려준다고 우리를 현혹하고 있다. 무조건 배척하고 무시하란 말이 아니다. 투자 세계에서는 끊임없이 내 돈을 노리는 수많은 업체와 사람이 있다. 내 돈을 지키는 것은 나 자신이다. 누구도 나만큼 내 돈을 지키고 불리고 굴리는 것에 관심이 없다. 너무나도 당연한 이 사실을 무시하는 사람이 의외로 태반이다.

책을 읽거나 강의를 들으며 지식을 쌓아야 한다. 책 한두 권을 읽고 투자하라는 것이 아니라 몇 십 권은 최소한 읽으라는 뜻이다. 그래 봤자 몇 십 만원밖에 안 든다. 책을 읽으려면 시간이 오래 걸리는 단점이 있다. 이를 위해 강의를 들어 핵심을 배우고 중요한 부분만 파악하는 것도 좋다. 책에 비해 분명히 강의는 비싸다. 몇 십 만원 하는 강의료가 어설프게 투자로 날리는 당신의 몇 백 만원이나 몇 천만원보다 훨씬 저렴하다.

투자는 정작 하지 않고 너무 과도한 책 읽기와 강의 듣기는 피해야 할 것이다. 그러나 돈이 아까워 이 정도 비용도 투자하지 않는다는 것은 말도 안 된다. 과거와 달리 좋은 책과 강의가 무척 많아졌다. 마음만 먹으면 얼마든지 찾을 수 있다. 보고자 하는 책과 듣고자 하는 강의에 대한 후기도 많으니 이를 참고삼아 읽어보거나 참여하면 된다. 최소한 모든 책과 강의는 당신보다 먼저 그 길을 걸어간 사람이 들려주는 이야기다. 나와 다소 맞지 않는 책과 강의는 있을지언정 나쁜 책과 강의는 없다는 생각으로 투자하기에 앞서 반드시 사전 준비를 하길 바란다.

혹시나 현재 갖고 있는 돈이 얼마 있는데 어떻게 해야 할지 전문가에게 물어본다면, 이미 그 돈은 내 돈이 아니라는 생각을 가져야 한다. 최소한 제대로 된 책과 강의는 당신이 투자하기 전에 궁금해 하는 걸 알려줄 뿐 당신 돈에는 관심이 없다. 책과 강의를 빌미로 당신의 돈을 추가로 원한다면 모든 책과 강의가 그런 것은 아니겠지만 의심하고 봐야 한다.

아무것도 모르니 전문가에게 맡기고 컨설팅 업체를 믿는다. 다시 말하지만 그것 자체는 문제가 없다. 내가 아무것도 모르고 한다는 것이 문제다. 책 읽기도 어렵고 강의 듣는 것도 아깝다면서 그런 곳에는 자신의 돈을 척척 안긴다. 투자가 그렇게 쉽고 편하다면 좋겠지만 그럴 수 없다. 지금도 수없이 많은 사람들이 그 정도 노력과 공부도 하지 않고 투자하겠다며 불나방처럼 뛰어들고 있다.

왜 투자를
시작했을까

　오늘도 수없이 많은 사람들이 투자를 한다. 어느 날 갑자기 느닷없이 투자를 시작한다. 곰곰이 생각해본 적이 있는가. 나는 무엇 때문에 왜 투자를 시작하게 되었는지. 『후천적 부자』가 세상에 나온 게 2013년 11월이다. 그 당시에는 많은 사람들이 투자에 큰 관심이 없었다. 코스피를 기준으로 볼 때 주가는 계속 내려가는 추세였다. 어려운 경제상황에 정부는 내수 활성화와 유동성을 늘릴 목적으로 금리도 내리는 추세였다. 부동산 경우에도 서울, 수도권은 폭락론이 대세가 되었다. '하우스 푸어'라는 용어가 방송에서 나오고 한국의 미래가 일본처럼 될 것이라며 폭락론자들이 득세하던 시절이었다.

　이런 상황이라 사람들은 투자에 관심도 없었다. 관심 척도로 일반화하기는 힘들어도 인터넷 서점에서 2013년 경제·경영 분야 투자 관련 책은 베스트셀러 순위에서 10위에 오른 책을 찾기 힘들다. 2014년 들어 그나마 투자 책이 순위권 10위 내에 올라왔지만 이마저도 투자의 위험성을 알려주거나 부동산 가격의 하락에 대해 소개하는 책들이 다수였다. 그도 아니면 투자보다는 안정적으로 자산을 지키는 걸 알려주는 책이었다. 그러던 것이 2014년 하반기부터 투자 관련 책들이 10위 내로 포진하기 시작했다. 2015년부터는 본격적으로 투자 관련 서적이 10위 내에 다수 진입했다. 어떤 일이 생긴 것일까.

『후천적 부자』개정판을 읽고 있는 여러분은 언제부터 투자를 시작했는가? 그도 아니면 언제부터 투자에 관심을 갖게 되었는가? 이 책을 읽기로 작정한 이유는 무엇인가? 우리 인간은 주체적으로 사고하며 자신의 결정으로 삶을 살아간다고 믿지만 대부분 주변상황에 쉽게 연동되어 움직인다. 혹시 투자에 관심을 갖고 있다가 본격적으로 시작한 시기가 아무리 오래되었어도 2년 이내 아닌가? 그렇다면 무엇 때문이었는지 생각해보라.

부동산 투자

2013년『후천적 부자』가 나오기 전부터 부동산 경매를 꾸준히 관찰하고 모의 입찰도 했다. 당시 일주일에 몇 건 정도를 낙찰받았다. 직접 법원을 간 것은 아니고 인터넷으로 입찰 일 전에 조사 후 수익 날 금액을 써서 낙찰받은 것이 꽤 되었다. 2014년 6월 정도부터 여전히 수익 나는 금액으로 썼는데 낙찰받기가 힘들어졌다. 입찰에 들어온 사람들이 써내는 금액이 높아지며 주택가격이 오르기 시작했다. 여름이 지나며 지방에서 서울, 수도권으로 사람들이 투자하기 위해 온다는 이야기를 들었다.

부동산 투자를 하는 사람은 늘 있지만 이번에는 특이하게도 사람들이 단체로 몰려들어 아파트를 구입한다는 이야기를 들었다. 심지어 관광버스를 대절해서 온다는 이야기도 들었다. 처음에는 적극적으로 부동산 투자하는 사람을 일컫는 과장된 표현으로 여겼다. 실제로 2015년 봄이 되자 과장이 아니라는 것을 깨달았다. 관광버스를 대절해서 수도권에 저렴한 아파트 단지에 매매가격과 전세비가 별 차이가 없는 아파트를 전세 끼고 매수했다.

2005~2007년 서울·수도권이 급격한 주택가격 상승을 해도 별 변화가 없던 지방 광역도시 주택가격이 2010년부터 오르기 시작했다. 처음 가격 상승은 다들 느끼지 못할 만큼 미미했지만, 시간이 지나면서 일반인들도 피부로 느낄 정도였다. 부동산 투자자가 아닌 실제 거주목적으로 주택을 생각하던 사람들마저 올라가는 주택가격에 더 이상 참지 못하고 분양시장에 뛰어들며 가격 상승에 동참했다. 이런 상황에서 지방 부동산 투자자들은 서울·수도권 아파트에 주목했다. 광역도시 아파트는 매매가격이 오르며 전세비와 차이가 커졌지만 수도권은 잘만 찾으면 매매가격과 전세비가 1000~2000만원밖에 차이가 나지 않은 아파트들이 눈에 들어왔다.

이들은 앞 다퉈 과거부터 존재했던 전세를 끼고 매수하는 투자방법인 '갭투자'를 유행시켰다. 실제로 이들이 매수한 아파트 가격은 오르기 시작했다. 또한 당시에 이런 갭투자 방법으로 성공한 다수의 사람들이 주변에 등장하며 비법을 전수하기 시작했다. 인구 구조로 주택가격이 하락할 것이라 생각했던 많은 사람들은 상승하기 시작한 주택가격에 어리둥절하며 혼란스러워했다. 그런 와중에 보다 발빠른 사람은 부동산 투자를 고려하기 시작했다. 과거와 달리 데이터가 축적된 부동산은 각 지역별 상승과 하락을 손쉽게 얻을 수 있게 되었다. 이런 데이터로 전세비와 매매가격 차이가 없는 지역 아파트만 매수하기 시작한 투자자들이 드디어 수도권 거주자 중에서도 늘어나기 시작했다. 자신이 거주하던 아파트가 전세비가 오른 것도 부족해 매매가격마저 상승하자 대다수의 30~40대가 부동산 투자에 관심을 보이기 시작했다.

지금까지 주택 보유와 매수에 부정적이던 사람들마저 서서히 사고의 전환이 이뤄지면서 주택을 보유하는 것에 그치는 것이 아니라 미래 노후를 대비하기 위해 부동산 투자를 적극적으로 고려하며 방법을 찾기 시작했다. 수도권 거주자들마저 자신의 자산을 보존하거나 증식시키기 위해 기존에 갖고 있던 현금을 주택 투자에 쏟아 부었다. 이러자 최근 몇 년 동안 특별한 변화가 없던 서울·수도권 아파트를 비롯한 주택가격이 2015년에는 연일 언론에 오르내릴 정도로 많은 사람들의 관심사가 되었다.

아파트 투자를 한 주변 사람들이 아직 매도하진 않았지만 구입시점보다 가격이 상승했다며 즐겁게 이야기한다. 2년마다 돌아오는 전세기간 만료가 될 때마다 올려주는 전세비도 감당하기 힘든데, 주택 투자로 돈을 벌었다며 좋아하는 이야기에 더 이상 이대로 있으면 나만 바보가 되는 것 같았다. 때마침 부동산 투자로 돈을 벌었다는 사람이 강의한다는 공지를 보게 되었다. 이번에는 나도 뒤처질 수 없다며 적극적으로 참여하기로 마음먹었다.

이와 같이 부동산 투자를 하겠다며 적극적으로 움직인 대다수의 사람들은 최근 1~2년 내에 시작했다.

주식 투자

대부분 사람이 소액으로 할 수 있는 가장 손쉬운 투자이기 때문에 주식 투자는 누구나 한 번 정도는 한다. 현재는 하지 않고 있더라도 예전에 한 번쯤은 누구나 주식투자를 해 본 경험이 있을 것이다. 사람들은 왜 주식 투자를 했을까? 뜬금없이 어느 날 갑자기 주식 투자로 돈을 벌어보고 싶어서 했을까? 절대로 그럴 리가 없다. 대부분 무엇인가 계기가 있기 마련이다.

가장 흔하게 듣는 이야기는 어느 기업의 사장 아들에게 들었거나 잠시 휴식시간에 담배를 피울 때 들었거나 이야기나 술자리에서 갑자기 목소리를 낮추며 해준 이야기가 소스였다. 어느 특정 기업(이런 기업들은 대부분 이름만 들어도 알 수 있는 대기업은 아니다)에 어떤 호재가 있는데 아직까지는 발표되지 않았지만 조만간 알려질 것이라고 말하면서 그전에 그 기업 주식을 사놓으면 돈이 될 것이라고 알려준다. 그런 식이다.

기업의 재무제표를 볼 줄도 모르고 어떤 업종 분야에 속해 사업하는지도 모르는 상태에서 그 기업의 핵심 인물에게 들었다는 확인할 수 없는 정보를 가지고 주식 투자를 시작한 경우가 많다. 그도 아니면 신문을 비롯한 인터넷에서 주식 투자로 돈을 벌었다는 기사를 접하고 '나도 한번 해볼까' 하는 마음과 함께 무작정 주식계좌를 열어 제대로 공부는 안 하고 달랑 책 한 권 읽어보고 시작하는 경우가 대다분이다.

언제 사람들은 주식 투자를 시작하거나 주식에 투자를 할까? 이를 알아보기 위해 신용거래 체결주수 추이로 알아보면 다음과 같다. 매해 거래 마지막 날 기준으로 볼 때 2006년에 신용거래 체결주는 1억 3460만주이고 코스피지수는 1434였다. 2007년에 5억 390만주 신용일 때 코스피는 1897이었다. 금융위기가 터졌던 2008년에 신용은 3억 1050만주로 떨어졌고 코스피지수도 1124였다. 그 이후 2051로 코스피 지수가 가장 높았던 2010년에 신용은 무려 6억 5810만주나 되었다.

기간을 좀 더 좁혀 2015년 3월부터 2016년 3월까지로 해봐도 이런 상황은 변함이 없다. 최근 1년 동안 월별로 볼 때 가장 코스피지수가 낮을 때는 2016년 1월 말 기준으로 1912이고 신용거래는 7억 5770만주였다. 가장 코스피지수가 높을 때는 2015년 4월 말 기준으로 2127일 때 신용거래는 8억 2700만주였다.

신용은 어떨 때 쓸까? 주식시장이 좋아야만 쓴다. 주식 시장에서 신용은 일정 기간 내로 갚아야 하는데 내가 매수한 금액보다 주가가 높거나 낮거나 상관없이 일정 기간이 되면 무조건 상환해야 한다. 상환하는 날에 금액으로 갚지 못하면 반대매매라고 하여 내가 매수한 주가보다 높은지 낮은지 여부와 상관없이 무조건 매도를 프로그램

이 한다. 결국에는 주가가 상승하지 않는데 신용을 써가며 주식 투자를 할 이유가 없다.

지금까지 부동산과 주식으로 나눠 이야기했지만 어느 상황이든 시작한 이유는 거의 비슷하다. 특별한 일이 없었다면 거의 대부분 주택 가격이 상승하거나 주가지수가 올라갈 때 시작한다. 그도 아니면 누군가 주변에 주택 투자나 주식 투자로 돈을 벌었다는 이야기를 들었을 때 시작한다. 어느 경우든 결국에는 시장이 좋을 때 시작한다. 여기서 핵심은 시장이 좋아지려고 할 때가 아닌 이미 좋아진 상태라는 것이다. 사람들이 관심을 갖고 본격적으로 시작할 때에는 시장이 여전히 좋아 긍정적인 희망 섞인 이야기가 더 꽃을 피울 때다.

다시 한 번 돌아봐라. 당신이 투자에 관심을 갖기 시작한 지 얼마나 되었고, 언제 시작했고, 어떨 때 그렇게 투자에 대한 호기심과 궁금증이 증폭되었는지 말이다. 나는 왜 이시기에『후천적 부자』개정판을 읽었고 투자를 하려고 노력하는 것일까? 곰곰이 생각하고 또 생각해보기 바란다.

내가 좋아하는 데
투자하지 마라

미인투표가 진행되었다. 50명의 미인이 눈앞에 있다. 50명 중에 최고의 미인을 뽑는 투표다. 많은 사람들이 제일 예쁘다고 생각하는 미인에게 투표하면 된다. 최고 미인을 뽑은 투표자에게는 상금을 주기로 했다. 이런 미인투표가 있다면 당신은 어떤 선택을 할 것인가? 핵심은 내가 생각하는 미인이 아니다. 다른 사람들이 미인이라고 생각하는 대상자를 파악해야 한다. 아무리 내가 미인이라고 해도 다수가 선택하지 않으면 절대로 상금을 받을 수 없다.

위 내용은 경제학자 케인즈가 『고용·이자 및 화폐의 일반 이론』에서 소개한 개념이다. 투자에 있어 이 개념은 무척이나 중요하고 명심해야 한다. 세상의 중심이 나라고 생각하는 것은 아무런 잘못이 없다. 그런데 나를 중심으로 세상이 돌아간다는 생각은 진취적으로 무엇이든 할 수 있는 자신감을 안겨줄지 몰라도 투자에서는 아무런 도움이 안 된다. 오히려 투자에서 수익보다 손해를 보는 가장 큰 이유가 된다.

어느 날 부동산 관련 강의를 마친 후 몇몇 사람들이 이런저런 질문을 했다. 그중 한 사람이 나에게 이런 질문을 했다. 강남구 일원동 00 아파트를 구입하는 것이 좋은지 반포 00아파트를 구입하는 것이 좋은지 내 의견을 듣고 싶다는 것이었다. 자신은 어떻게 해야 할지 고민이 된다며 쉽게 결정하지 못하고 있어 내 생각이 궁금하다고 했다.

그에게 일원동 00아파트를 고려하는 이유가 무엇인지 물었다. 일원동 00아파트 뒤에는 대모산이 있어 공기가 쾌적하고 번화하지 않아 조용해서 살기 좋다는 것이다. 가장 궁금한 점은 실제 거주목적인지 투자목적인지 여부였다. 투자목적으로 고민 중이라고 했다. 그 말을 듣자마자 내가 할 이야기는 단순했다. 본인이 아닌 다른 사람이라면 둘 중에 어느 아파트를 구입할 것인지 물어보니 그 즉시 대답을 했다.

너무 당연히 내가 좋아하는 것이 있다. 내가 필요를 느끼고 구입하는 것은 철저하게 내 입장에서 구입하면 된다. 내가 좋으면 만족이다. 그 이상도, 그 이하도 없다. 남들이 별로라고 해도 내가 좋아하면 나는 즐겁다. 우리는 남들 시선을 아랑곳하지 않고 자신이 원하는 것을 선택해서 즐길 권리가 있다. 백인백색이라는 표현처럼 각자 취향과 스타일에 따라 구입하는 걸 무엇이라 하는 사람이 이상한 사람이다.

투자는 이와 다르다. 많은 사람들이 착각하는 것이 투자를 할 때 자기 입장에서 좋은 걸 찾고 스스로 만족하며 흐뭇하게 생각한다. 우리는 자신이 좋아하는 걸 즐거운 마음으로 구입하는 게 아니다. 내 눈에 볼 때 좋아야 남들 눈에도 좋고, 내가 별로면 남들이 봐도 싫어할 것이라는 생각은 너무 당연하다. 여기서 큰 간극이 생긴다. 생각 자체가 틀리지 않았지만 이건 다른 문제다.

투자는 내 입장에서 '좋다 나쁘다'를 따지면 안 된다. 내가 투자하는 대상을 나 이외의 사람들이 좋아하는지 싫어하는지 여부가 더 중요하다. 내 취향이 대중적이지 않아도 투자하는 것이 아니라면 아무런 문제가 없다. 남들이 하품하며 재미없는 영화를 난 눈물 흘리며 감동하며 볼 수 있다. 1000만 관객이 들어 모든 사람이 좋아하는 영화라도 재미 더럽게 없다며 돈 아깝다고 투덜댈 수 있다. 그렇더라도 투자자라면 모든 사람이 즐겨봤던 영화에 투자했어야 했다. 이게 투자자의 관점과 일반인의 관점의 차이다.

예를 들어 소득 분위별로 5가지로 나눈 구분이 있다. 2인 이상 가구로 1분위에서부터 5분위까지 나눈다. 1분위가 2014년 기준으로 약 146만원 소득이고 5분위가 약 813만원 소득이다. 소득에 따라 세상을 바라보는 눈도 달라지고 필요한 것도 달라진다. 자신의 소득에 따라 투자할 대상이나 물건도 달라진다. 1분위가 거주하는 주택과 5분위가 거주하는 주택은 다르다. 이에 따라 선호하는 거주유형도 다르고 돈 씀씀이도 다르다. 이런 생각은 투자에서 중요하다.

내가 이해하지 못한다고 구입할 사람이 없는 것이 아니다. 내가 싫어한다고 모든 사람이 싫어하는 것도 아니다. 투자자에게는 내가 아닌 타인의 관점이 중요하다. 내 정체성을 잃어버리라는 이야기가 아니라 상대방 입장에서 생각하는 훈련을 해야 한다는 것이다. 내가 좋아하는 것이 아닌, 남들이 좋아하는 걸 찾아야 한다. 일반 대중이 좋아하는 것이라면 최고이겠지만, 일상 생필품이 아닌 다음에야 일반 대중 다수가 좋아하는 부분이나 분야나 영역을 찾기란 쉽지 않다. 투자하려는 대상은 대체적으로 그 분야나 영역이 좀 더 좁다. 이 차이점을 명심해야 한다.

부동산 투자

한국에서 대다수가 선호하는 주택유형은 아파트다. 2010년 기준으로 아파트는 전체 주택유형 중 59%를 차지한다. 2014년 주택건설 건수 중 약 67%가 아파트일 정도로 많은 사람들이 거주하고 있는 주택유형이다. 같은 회사가 지은 아파트라 할지라도 어떤 브랜드냐에 따라 같은 단지 안에서도 가격 차이가 존재한다. 똑같은 브랜드 아파트라도 어떤 동에 있느냐에 따라 또 다시 가격은 천차만별이다. 최근 부유층이 선호하는 주택유형은 주상복합이다. 같은 주택이라도 다양한 사람들이 다양한 이유로 거주한다.

　사람들이 가장 선호하는 주택유형이 아파트라고는 하지만, 2010년 기준 아파트가 아닌 주택유형에 거주하는 사람들이 41%나 된다. 같은 해 서울을 기준으로 볼 때 아파트에 거주하는 사람은 42.6%다. 무려 57.4%가 다른 주택유형에서 거주한다. 아파트에만 사람이 거주하지 않는다. 또한 자가는 40.2%고 전세는 32.1%이며 보증부 있는 월세는 42.6%다. 이렇게 다양한 사람들이 다양한 주택과 거주유형과 점유형태로 살아간다.

부동산 투자를 하며 내가 선호하는 주택유형만 찾는다면 실패할 가능성이 크다. 오히려 내가 투자하려는 주택에 거주하는 사람들이 어떤 사람들인지 아는 것이 훨씬 중요하다. 아직 결혼하지 않은 미혼이거나 아이가 없는 부부 입장이라면 사람들이 왜 특정 아파트를 굳이 선호하는지 그 이유를 이해하지 못한다. 아이를 키우는 부모 입장에서는 무엇보다 학군이 중요한 선택기준이다. 초등학교에 등하교하기 위해 교통신호를 기다려 길을 건너야 하는 아파트보다는 바로 옆에 학교가 있어 길을 건너지 않아도 되는 아파트를 선호하는 게 당연하다.

이미 보았듯이 모든 사람들이 전부 아파트에 거주하는 것도 아니다. 아파트 이외에 거주하는 사람 중 대체로 미혼이 선택하는 주택은 또 다르다. 미혼이 주로 거주하는 주택유형에 투자하면서 초등학교 위치를 중요하게 여기는 것은 잘못된 행동이다. 내가 아이를 키우는 부모 입장이라 학군을 중요하게 여기며 해당 주택을 투자에서 배제하는 행동은 타인의 입장이 아닌 내 입장으로 생각한 결과다. 미혼이 거주하는 주택유형이라면 도로에서 가깝고, 교통이 편리하고, 번화한 장소에 진입하기 쉬운 곳이 선호될 것이다.

주택을 투자의 목적으로 매입하면서 자신이 좋아하는 주택을 찾게 되면 이런 우를 범할 수 있다. 실거주 목적이라면 철저하게 내가 선호하는 지역과 주택을 찾으면 그만이다. 투자 목적 주택은 당신이 거주할 주택이 아니다. 그런데도 무엇 때문에 내 입장에서 그 주택을 바라보는가? 내가 아닌 그 주택에 거주할 사람 입장에서 주택을 바라보고 어떤 사람이 이 주택을 선호하고 들어와 살 것인지를 생각하는 것이 훨씬 중요하다.

주식 투자

『후천적 부자』에서 한국에 상장되어 있는 중국 회사를 소개하기도 했다. 그 이후로 중국 회사들은 생각과 달리 상황이 안 좋다. 분명 재무제표를 볼 때 나쁘지 않았고 여러 회사들이 중국이라는 공통점이 있었다. 그러나 각 기업이 사업하는 분야도 다르고 이익을 내는 방법도 다양했다. 나는 지금까지 한국에 상장한 중국 기업 중 총 3개사에 투자했다. 건강식품을 판매하는 **씨케이에이치**와 스포츠용품 옷과 신발을 판매하는 **차이나그레이트**, 폐지 재활용 전문업체인 **차이나하오란**이었다.

　내 나름의 판단은 괜찮았다. 양말 한 켤레만 팔아도 10억이 넘는 중국인을 상대하니 이익이 상상할 수 없을 정도로 크다는 말을 그대로 믿은 것은 아니지만 그래도 한국보다는 중국이 성장성이 더 크다고 보았다. 중국은 한국으로 치면 도에 해당하는 지역도 한국 전체 인구보다 많은 지역이 있으니 지역에만 판매하는 기업이라 할지라도 충분히 수익을 낼 수 있을 것이라 판단했다.

　씨케이에이치 기업은 2011년 8월부터 2012년 6월까지 매수했다가 2013년 3월부터 10월까지 거의 대부분을 약 18%정 도의 수익을 보고 매도했고, 소량을 2014년 1월 정도에 수익률 0%에 매도했다.

차이나그레이트는 2014년 1월경 매수해 2014년 4월에 74% 수익을 보고 매도했다. 차이나하오란은 2011년 8월에 90%를 매수하고 2012년 5월에 남은 10%를 매수했다. 불행히도 2013년 3월부터 10월까지 매도하며 −40%의 손해를 냈다.

씨케이에이치는 매수시점보다는 현재 주가는 살짝 올랐고 매도한 시점보다는 30%정도 내려간 상태다. 차이나그레이트는 매수한 시점보다는 아주 약간 올랐지만 매도한 시점에 비해서는 반토막 난 상태다. 차이나하오란은 매수한 시점보다 현재 주가는 떨어진 상태이고 매도한 시점보다는 다행히도(?) 아주 약간 오른 상태다. 씨케이에이치 기업은 2013년부터 연속으로 매출도 영업이익도 늘었고 당기 순이익도 늘었으며 2016년에도 늘어날 예정이다. 차이나그레이트와 차이나하오란은 매출이나 영업이익 등이 다소 들쭉날쭉해서 불안한 측면은 분명히 존재한다.

이 기업들의 공통점이 중국이라고 언급한 것은 결국 내 입장이 아닌 사람들이 한국에 상장된 중국 기업을 바라보는 입장이 중요하다는 것을 강조하기 위해서다. 이들 기업 이외의 중국 기업은 최근 여러 문제가 발생해 상장이 폐지되었다. 한국에 상장되어 있는 중국 기업에 대한 투자자들의 시선은 싸늘하다. 믿지 못하겠다는 생각이 팽배하다. 이런 경우에는 내 관점으로 아무리 좋아도 타인의 관점으로 볼 때 미인이 아니다. 나만 미인이라고 떠들어봐야 다른 사람들이 미인이라고 인정해주지 않으면 상금을 받지 못하는 것과 똑같다.

성공의
90%는 운이다

『후천적 부자』 개정판에서 제시하는 투자와 관련된 철학과 원칙은 전작과 큰 차이가 없다. 다만 전작에서는 성공에서 운이 미치는 영향에 대해 조금 애매하게 표현하고 넘어간 것 같아 보완을 하려고 한다. 나는 어떤 성공에서 노력보다는 운이 훨씬 큰 영향을 미친다고 본다. 분명코 노력은 중요하다. 노력 없이 운이 찾아올 리 없는 건 만고의 진리다. 성공에서 노력보다 운이 더 중요하다면 지금까지 성공을 위해 전력투구하는 내 모든 노력은 쓸데없다는 말인가?

로또는 일확천금의 대표적인 사례다. 로또는 1부터 45까지 숫자 중에 6개의 숫자를 맞춰야 상금을 탄다. 1등에 당첨될 확률은 814만 5060분의 1이다. 욕조에서 넘어져 죽을 확률 80만 1923분의 1보다 약 10배 힘들다. 많이 알려진 벼락에 맞아 죽을 확률인 428만 9651분의 1보다 2배 더 힘든 확률이다. 수십 만원어치 로또를 산다고 확률이 크게 올라가지 않는다. 매주 산다고 당첨확률이 올라가지도 않는다. 전적으로 당회의 운에 좌우된다.

로또 당첨 명소가 전국적으로 몇 군데 있다. 로또 판매점 중에 압도적으로 로또 당첨확률이 높은 곳으로, 그 앞에는 토요일 오후부터 긴 줄이 서 있을 정도다. 이런 로또 판매점에는 편지봉투에 돈과 함께 받을 주소가 동봉되어 배달되기도 한다. 사람들은 그곳에 대단히 영험한 기운이 흐르는 명당이라고 생각한다. 그저 워낙 많은 사람이 로또 명당 판매점에서 구입하니 당첨확률이 다른 곳보다 높을 뿐 아니겠는가. 로또 자체가 근본적으로 확률 게임이라 볼 때 이곳에서 더 많은 사람들이 로또를 구입해서 확률이 올라갔을 뿐인 것이다.

로또 당첨은 확률을 계산하고 조상이 꿈에서 알려준 번호를 선택하는 것하고는 전혀 무관하다. 철저하게 운에 좌우된다. 내가 로또 얘기를 꺼낸 것은 역시 성공은 운이 90%라는 걸 말하기 위해서가 아니다. 로또 당첨은 100% 운이지만 그전에 꼭 해야 할 행동이 있다. 로또를 사야만 한다. 어쩌다 복이 오는 꿈을 꿀 때가 있다. 이럴 때면 무조건 로또를 구입해서 당첨될 부푼 꿈을 꾸게 된다. 문제는 언제나 로또를 구입하는 아주 단순한 행동을 하지 못한다는 것이다. 로또 당첨도 로또를 사는 행동을 하는 자에게만 돌아간다.

최근 투자에 성공했다는 사람들이 많다. 사람들은 그들의 성공을 부러워하고 그들의 노력에 감탄한다. 남들은 두려워 투자를 하지 못했던 시기에 과감히 용기를 내고 결단을 내린 엄청난 노력의 결과였다. 직장생활과 투자를 병행해야 하니 시간의 한계를 극복하려고 잠도 줄였다. 남들은 즐겁게 놀고 쉬는 주말에 투자 공부하고 실행하느라 정신없이 바쁘게 생활했다. 평일에 피곤한 몸을 이끌고 집에서 푹

쉬고 싶은 마음이 굴뚝같지만 투자 물건 조사를 소홀히 하지 않았다.

내가 이런 노력을 폄하하는 것일까? 이토록 엄청난 노력으로 일궈낸 성공을 두고 운이 90%라고 말하는 것은 무척 기분 나쁜 말이다. 당사자는 펄쩍뛰며 내 노력을 운으로 치부하는 데에 격한 모멸감도 느낄 수 있다. 지금 내 위치와 자산을 형성할 때까지 기울인 노력을 보통 사람들은 상상도 못할 것이라 역설할지도 모를 일이다. 결코 노력에 대해 부정할 생각은 없다. 노력 없이 얻는 것은 없다. 로또 당첨은 운이 좌우하지만 로또를 구입해야만 당첨될 수 있는 것과 똑같다.

다시 베스트셀러 이야기로 돌아가 보자. 베스트셀러는 최근 들어 갑자기 집계했던 방법이 아니다. 수십 년 전부터 베스트셀러를 집계해 발표해왔다. 서점가에 투자라는 개념이 본격적으로 일반인에게 회자된 것은 아마도 『부자 아빠, 가난한 아빠』와 『한국의 부자들』가 시작이 아니었나 싶다. 그 이후 투자 관련 책이 많은 사람들에게 주목받기 시작했고, 배우 김정은의 '부자 되세요!'라는 인사말이 전 국민의 유행어가 될 정도로 2000년 초반에는 투자 개념이 대중화 바람을 탔다.

이에 편승해서 상당히 많은 투자 관련 책들이 쏟아져 나왔다. '투자' 단어보다는 '재테크'나 '부자' '10억' 같은 제목을 달고 재테크에 성공했다는 사람들의 책이 베스트셀러 리스트의 상단을 차지했다. 어느덧 10년을 훌쩍 넘기는 시간이 지났다. 그 당시 재테크 관련 책을 써서 성공했을 정도라면 그 저자는 지금쯤 엄청난 자산을 형성하지 않았을까? 그 당시 유행하던 '10억 만들기'에 성공한 사람이라면 지금쯤 자산규모가 얼마나 불어나 있을까? 한 번 시간 날 때 2000년 초반에 베스트셀러였던 책들의 저자들을 검색해보라. 당시에도 책날개에 저자의 약력과 투자경력뿐만 아니라 운영하는 카페가 소개되었다. 소개된 카페를 인터넷에서 검색해보라.

10년 전에 재테크에 성공했다고 책까지 펴내고 각종 강의를 했던 수많은 재테크 고수들은 지금 거의 다 사라지고 없다. 아직까지 카페를 운영하거나 활동하는 투자자도 있지만 그 이후로 책도 더 이상 펴내지 않았을 뿐만 아니라 카페는 덩그러니 회원숫자만 존재할 뿐이다. 워낙 큰 성공을 거둬 조용히 유유자적한 삶을 즐기고 있거나 망했거나 둘 중 하나일 것이다. 일부 전자에 포함되는 사람도 있겠지만 대다수는 후자에 속한다. 그럼 그동안 대체 무슨 일이 일어났던 것일까.

아무도 투자에 관심도 없고 알지도 못하던 시절에 일반인들에게 재테크 개념을 알려주고 동기부여를 했던, 이른바 앞선 투자자들은 철저하게 자신의 성공이 자신의 실력이라 자신했다. 지금까지 승승장구하며 남들의 부러움을 샀던 이들은 자신의 노력만으로 부를 형성했다고 여겼다. 나심 니콜라스 탈레브Nassim Nicholas Taleb의 『블랙스완』이나 『행운에 속지 마라』가 자신에게 생길지 꿈도 꾸지 않았다.

1만명의 사람들이 가위바위보를 한다. 5000명, 2500명, 1250명, 625명, 312명 순으로 줄어들며 탈락한 사람과 승자가 갈린다. 숫자가 줄어들면서 사람들은 점점 더 열광하고 이들에게 비결을 묻는다. 답은 아주 단순하다. 그저 확률상 연속적으로 이기며 로또 당첨 같은 일이 벌어졌을 뿐이다. 실제로 매번 할 때마다 3분의 1의 확률로 이

겼고 상대방에게 이길 확률 50%가 연속으로 나에게 왔을 뿐이다. 인간은 늘 추세를 만들려고 노력한다. 그렇게 진화해왔기 때문이다.

투자에 성공한 사람들은 지속적으로 자산이 늘어나며 투자금액도 늘었다. 점점 더 과감하게 큰 금액으로 투자한다. 자신의 실력을 믿고 더 자신 있게 행동한다. 실수와 실패는 더 이상 내 사전에는 없다. 이들에게 생각지도 못한 사건이 발생했다. 금융위기가 터졌다. 이미 빠져 나오기 힘들 정도로 포지션이 설정되어 있어 방법이 없었다. 금융위기와 함께 자신의 자산도 함께 녹아 없어졌다.

자산은 끊임없이 오르고 내리기를 반복한다. 자산 상승 시기에는 어떤 투자를 하든 돈을 벌 수밖에 없다. 이 시기에는 투자를 하느냐 하지 않느냐의 차이만 있다. 투자를 한다면 이제 수익의 크기만 차이 날 뿐이다. 좋은 자산을 갖고 있으면 더 큰 수익을 얻을 수 있고, 다소 나쁜 자산을 갖고 있으면 적은 수익을 얻는다. 위험이 닥쳤을 때 더 큰 수익은 더 큰 손실로 나에게 찾아올 수 있다. 상승기에는 누구도 모른다. 하락 시기가 와야만 깨닫게 된다.

2016년에도 투자에 성공한 많은 사람들이 등장했다. 이들이 엄청나게 노력했다는 점을 존경한다. 그들의 글을 읽으며 나로서는 도저히 흉내도 못 낼 정도로 노력했으니 성공할 수밖에 없겠다는 생각이 들었다. 그들은 어제 오늘 투자하지 않았다. 주식이든 부동산이든 꽤 오랜 시간 공들여 투자한 노력의 결과로 책도 펴내고 강의도 하고 카페도 운영하는 것이다.

그들은 대단한 혜안을 갖고 금융위기를 피한 것일까? 운이 좋았을 뿐이다. 금융위기가 터지기 전까지 투자를 하고 싶어도 종자돈이 없었다. 열심히 종자돈을 모아 드디어 투자할 시기가 왔는데 운 좋게 금융위기가 회복된 후였다. 재수 없게도 종자돈이 드디어 마련되어 본격적으로 투자를 했던 시기가 2007년이나 2008년이었으면 실력이 제아무리 세상없이 탁월해도 실패했을 것이다. 2007년 10월 2000포인트까지 갔던 코스피 주가지수는 2009년 초반까지 반토막으로 꺾여 1000포인트 근처에서 머물렀다.

뉴타운과 함께 천정부지로 올랐던 서울 아파트 가격은 한국감정원 아파트 매매가격지수로 볼 때 2008년 8월 106.4로 최고점에 오른 후 지속적으로 내려 2013년 8월에 94.5가 되었다. 아파트 가격이 이렇게 내려간 와중에도 서울과 수도권은 여전히 높았으니 상대적으로 지방으로 내려 갈 수밖에 없었다. 때마침 지방 아파트는 금융위기 직후부터 본격적으로 상승했다. 덕분에 서울, 수도권을 포기하고 (당시 지방에서 자기 지역에 투자하던 투자자들과 함께) 지방으로 내려갔던 다수의 투자자들이 수익을 낼 수 있었다. 지방 아파트가 오를 것이라는 통계와 확률을 계산하고 미래를 예측한 투자가 결코 아니었다.

아무리 투자를 잘하는 투자자라도 자산 가격이 하락할 때는 수익을 내기가 힘들다. 2000년 초반에 투자로 성공했던 투자자가 사라진 이유다. 운 좋게 몇몇 투자자는 워낙 가격상승 속도가 가파르고 매도하라는 성화에 아무 생각 없이(역시 자산 가격이 폭락할 것이라고는 꿈도 꾸지 못했다) 수익을 확정하고 매도했더니 금융위기가 터졌다며 가슴을 쓸어내렸다.

다시 말하지만, 이런 운도 본인이 노력을 했기 때문에 얻는 것이다. 남들이 두렵고 무서워 투자를 주저하고 용기를 내지 못하던 시절에 과감히 투자를 시작했다. 이상한 시선으로 쳐다보던 많은 사람들의 눈길을 받으면서도 투자했다. 이런 노력이 있었기에 성공할 수 있었다는 사실은 맞다. 노력하지 않는 자에게 운은 찾아오지 않는다. 성공의 90%가 운이라고 할지라도.

자신의 성공이 운이라고 겸손히 말하는 사람은 자산 상승기에 운 좋게 진입했다는 게 냉정한 현실직시다. 그들은 단지 재수가 좋았다고 말한다. 이건 자만하지 않겠다는 경각심이다. 투자에서 자만은 즉각적으로 손실이라는 응징을 받는다. 언제든지 가위바위보에서 질수 있다. 운 좋게 지금까지 가위바위보에서 상대방을 이겼을 뿐이다. 이번에 하는 투자는 다시 확률 제로에서 출발해야 한다. 지금까지 누적된 레코드는 깨끗하게 잊고 임해야 한다.

성공의 90%는 운이란 표현은 결코 과장이 아니다. 『후천적 부자』를 집 서재에 꽂아놨다가 몇 년 후에 다시 한 번 읽어보면 등골이 서늘해지며 식은땀이 날 수 있다. 당장은 노력을 폄하한다며 기분 나쁠수 있어도 분명 뼈와 살이 되어줄 것이다. 듣기에 거북한 말이라도진짜 조언은 시간 속에서 더욱 빛을 발한다. 노력을 끊임없이 하되 언제든지 나에게서 운이 사라질 수 있다는 점에 유의하라. 어차피 운도 노력하는 자에게만 찾아오는 선물이다.

후천적 부자 되기

'후천적 부자'라는 네이밍을 사람들이 참 좋아했다. 선천적인 부자가 극히 드문 실정이니 후천적 부자라도 되라는 말은 사람들에게 희망을 주었다. 그래서 후천적 부자가 되겠다는 꿈을 꾸는 사람들도 많았다. 『후천적 부자』라는 책 제목이 너무 마음에 든다는 사람도 많았다. 이 책을 읽는 독자들은 대부분 좋은 부모를 둔 선천적 부자는 아닐 것이다. 좋은 부모를 만났다고 해도 부모가 부자이지 내가 부자는 아니니 다를 게 없다.

부자가 삼대를 못 가는 이유는 이렇다. 1대는 고생해서 자산을 형성했기에 쉽게 쓰지 못하고, 2대는 그 모습을 지켜봤으니 노력하며 산다. 3대에 가서는 자신이 누리는 모든 부를 당연한 것으로 받아들여 유지하지 못한다.

주변에 진짜 부자가 된 사람이 드물다. 특정 시기에 돈을 벌었다는 사람들이 주변에 속출하지만, 긴 인생을 놓고 보면 그 기간은 아주 짧다. 수익이 났다며 행복하다고 좋아한 사람이 어느 순간부터 보이지 않는다. 후천적 부자는 단기간에 큰돈을 버는 걸 의미하지 않는다. 아쉽게도 지금까지 꽤 많은 사람을 만났지만 오래도록 경제적 문제를 완전히 극복한 사람은 드물었다. 일시적으로 의기양양한 모습을 보여주지만 얼마 되지 않아 보이지 않는 그들을 지켜보면서 내린 결론은 역시 내 모토인 '천천히 꾸준히'였다.

일시적으로 수익을 낸다한들 인생에 있어 커다란 의미를 지니지 못한다. 인생이 변할 정도로 엄청난 수익을 낸 것이 아니라면 걸어가는 여정에서 발생한 작은 수익에 불과할 뿐이다. 예를 들어 1억 정도 수익에 기뻐해도 어차피 그 돈은 또 다시 투자해야 할 돈일 뿐, 그의 삶을 변화시킬 수 있는 돈이 아닌 것이다. 그런 사람은 어느 순간부터 보이지 않게 된다. 부자가 된 사람은 결국 꾸준히 자신의 길을 묵묵히 걸어간 사람들이다.

지금까지 지켜봤을 때, 자산을 꾸준히 축적하고 형성해서 시간이 지날수록 부가 커지는 사람들한테는 한 가지 공통점이 있었다. 사람들은 대부분 수익이 나면 자신이 잘났다고 으스대고, 손해가 나면 투자는 나와 맞지 않는다며 포기한다. 직장생활과 달리 한 달이 지나면 무조건 월급이 나오는 시스템도 아니고 노력을 해도 손해를 볼 수 있는 투자라는 속성을 모른 채 환상에 젖어 뛰어든 사람들은 쉽게 시작하고 빨리 절망한다.

투자를 하면 이익이 날 수도 있고 손해를 볼 수도 있다. 중요한 것은 이익과 손해가 아니라 끊임없이 관찰하고 복기하며 자신의 투자를 되새김질하며 성공한 이유와 실패한 이유를 따져보는 일이다. 얼마 전 알파고와 이세돌의 대결에서 많은 사람들이 주목한 것은 이세돌이 대국이 끝난 후에 무조건 복기를 하며 자신이 수를 둔 돌을 하나씩 반복하며 성공과 실패를 따져보는 점이었다.

투자를 1년이나 2년 정도만 하고 말 것이 아니라면 이익과 손해에 일희일비할 필요는 없다. 자신의 투자 시간을 10년 이상으로 바라본다면 지금 당장 이익이 나도 과정의 일부이고 손해가 났어도 여전히 걸어갈 길은 멀다.

투자는 진입 장벽이 낮다. 회사를 취직해도 인턴이라고 해서 일정 기간 동안은 회사 전반적인 업무를 파악하고 조금씩 이해를 높여간다. 투자는 오로지 돈만 있으면 누구나 할 수 있는 투전판이라는 조롱을 부정할 수만은 없다. 도박판에서 최후의 승자는 장소를 제공하고 참가비를 받은 주최자다. 투자도 이와 속성이 똑같다. 주식투자를 하든, 부동산 투자를 하든 아무리 더 벌려고 노력해도 결국에는 세금이나 수수료 등으로 나가고 나에게 들어온 이익은 크지 않다. 내가 현재 번 이익만 따질 것이 아니라 투자를 하며 손해가 났을 때도 꼬박꼬박 낸 비용까지 총 합산으로 플러스, 마이너스를 따져 계산해야 한다.

많은 사람들이 투자를 한다고 이야기하면서도 자산 측면에서 보면 그다지 변함이 없는 이유가 여기에 있다. 진득하게 투자해야 한다. 수시로 사고팔아 이익을 내려는 행동은 끊임없는 관련 업자들에게 내 돈을 나눠주는 일만 하는 셈이다. 더 심각한 것은 이익을 내도 일부를 가져가고 손해를 봐도 봐주지 않고 뜯어간다는 사실이다. 그러니 잦은 매매는 남 좋은 일만 시켜줄 뿐이다. 우리가 투자하는 이유는 돈을 벌어 내가 경제적 자유를 위한 것이지 이해 관계자들에게 이득을 주려는 목적이 아니지 않은가.

『후천적 부자』는 전반적으로 투자를 하려는 사람들에게 투자 철학과 마인드를 심어주는 책이다. 시중에 온갖 투자 관련 책이 많지만 대부분 '이렇게 해서 돈을 벌었다' 류의 책이다. 투자를 하려는 사람들에게 기술과 방법을 알려주는 것도 중요하지만, 평생 동안 투자를 하며 흔들리지 않는 철학을 갖도록 돕는 것이 훨씬 중요하다. 번역된 책 중에는 투자 철학에 대한 책이 제법 되지만 국내 저자가 쓴 책은 드물다. 그래서인지 한국 저자가 '이런 책을 썼다는 점이 참 반갑다' 라는 칭찬이 아직까지 귓가에 맴돈다.

사람들은 너무 눈앞 이익에만 집착한다. 투자도 마찬가지로 부동산 투자로 만나면 어떤 지역과 아파트를 투자해야 하는지에 대한 답만 기다리고, 주식 투자는 어떤 종목에 투자해야 하는지에만 온 관심이 쏠려 있다. 그런 것은 자신이 스스로 관찰하고 조사해서 발견해야 한다. 그런 과정을 거친 후 내린 결론에 따라 투자해서 이익을 볼 수도 있고 손해를 볼 수 있다. 그렇게 투자를 하면서 자신의 그릇이 커지며 자산이 형성되어 부가 증가한다. 이런 과정을 거치지 않고 자산을 형성한 사람을 단 한 명도 보지 못했다.

그럼에도 사람들은 단기간에 이익을 보려는 욕망에 휩싸여 제대로 된 투자를 하지 못한다. 자신의 투자 철학과 방법이 잘못되었다는 것도 깨닫지 못하고 일희일비하며 투자를 오래도록 하지 못하는 사람이 태반이다. 스포츠 분야에서 성공한 사람들을 한번 보자. 그들의 기술과 방법이 그들을 훌륭한 선수로 만든 것이 아니다. '멘탈 싸움'이다. 기술과 방법은 얼마든지 배울 수 있고 연습과 게임을 하며 수시로 변경하며 발전시킨다.

기술이 뛰어나다고 늘 좋은 성적을 내는 것도 아니다. 아무리 훌륭한 선수라도 성적이 바닥을 칠 때도 있다. 이럴 때 좋은 선수와 위대한 선수는 태도와 멘탈에서 차이가 난다. 아무리 망가져도 평균의 법칙에 따라 평균은 한다. 기술이나 방법이 더 이상 새로울 것은 없는데도 이들은 자신만의 철학과 태도를 갖고 있기에 가능하다. 투자도 이와 다를 바가 없다.

『후천적 부자』에서 다양한 이야기를 했다. 개정판을 내며 추가적으로 몇 가지 더 보탰지만 핵심은 똑같다. 포기하지 않고 계속 해야만 무엇이라도 할 수 있고 될 수 있다. 투자는 평생 할 수 있다. 기술과 방법을 배우면 얼마든지 두고두고 써먹을 수 있다. 아직 자본이 부족하면 모으면서 공부하고, 자본이 생겼으면 실패를 해도 포기하지 않고 해야만 당신이 한 실패는 경험이 되어 성공의 거름이 될 수 있다. 포기하면 실패로 끝난다. 이 책이 투자를 시작하는 사람에게는 투자를 포기하지 않도록 등대가 되어주고 방향을 잃었을 때 나침반과 같은 역할이 되기를 기대한다. 투자를 하고 있는 사람에게는 이 책이 언제나 머리맡에 놓여 있어 초심을 되찾을 수 있는 자극이 되길 바란다. 투자를 하루 이틀 하고 말 것이 아니라면 분명히 당신은 후천적 부자가 될 것이다. 그저 시기의 문제일 뿐이다.

후천적 부자가 될 당신에게

빨리 부자가 되고 싶어 하는 것이 당연하다. 필자라고 그런 마음이 없을 리 없다. 그러나 세상은 순리대로 가는 법이기에, 하나를 빨리 이루려고 하다 보면 또 다른 하나를 희생해야 한다. 필자는 그렇게 하고 싶지 않았다. 미래를 위해 현재를 희생하고 싶지 않았다. 빨리 부자가 되려고 하루에 3~4시간만 자는 것도 힘들었고, 아무리 집중력을 높여 투자를 하려고 해도 작심삼일인 경우가 많았다. 아니, 사실 제대로 시도조차 하지 못했다. 스스로가 그런 대단한 인물이 되지 못한다는 것을 진작에 눈치챘기 때문이다.

투자로 성공했다는 사람들은 어느 날 갑자기 짠 하고 나타난다. 그래서 대부분의 사람들은 그들이 그 자리에 오르기까지 무척이나 오랫동안 노력했다는 것을 인지하지 못한다. 하지만 당신은 이제 기억해야 한다. 그들의 성공은 하루아침에 이뤄진 것이 아니라는 사실을, 꾸준히 공부하고 도전하는 과정에서 실패와 성공을 맛보며 경험을 쌓은 덕에 이룩한 것이라는 사실을.

어떤 분야든 간에 자고 일어났더니 스타가 되었다는 사람보다는 꾸준히 노력해서 스타가 된 사람들이 그 자리를 더 오랫동안 단단하게 유지하는 것을 볼 수 있다. 투자라고 해서 다를 것은 없다.

투자를 하다 보면 언제든 실패할 수 있다. 필자도 역시 많은 실수와 시행착오를 겪었다. 하지만 10년이 넘는 기간 동안 쌓아온 지식과 경험은 결코 사라지지 않을 것임을 알기에 실패를 딛고 다시 투자할 수 있었다. 나만의 지식과 경험을 무기 삼아 툭툭 털고 일어선 것이다. 당신도 할 수 있다.

이 책은 후천적 부를 이루게 해줄 진정한 투자 마인드와 방법에 대해 알려주고 싶은 마음에서 쓴 것이다. 과연 필자의 생각이 독자에게 얼마나 잘 전달되고 공감을 얻게 되었을지 궁금하다. 물론 이 책의 내용만이 정답인 것은 아니다. 얼마든지 다른 투자관과 투자 방법이 있을 수 있다. 다만 현재의 삶과 행복을 지키면서 경제적 자유를 얻으려면 끈기를 가지고 꾸준히 투자하는 것이 가장 확실한 방법이라는 것을 말하고 싶었다. 인생 100세 시대, 이토록 긴 인생을 더욱 멋지게 살 수 있는 하나의 길을 보여주고 싶었다.

그러나 이 책을 읽고 지금부터 당장 투자를 하겠다며 뛰어드는 것에는 반대한다. 필자는 책 전반에서 투자를 하기 위해서는 준비해야 할 것들이 많다고 분명하게 밝히고 있다. 어설프게 뛰어든 투자는 소중한 돈을 우습게 날려버릴 뿐이다. 실력도 자본도 내공도 없는 상태에서는 투자하지 않는 것이 좋다. 필자도 본격적인 투자를 하기까지 상당히 오랜 시간이 걸렸다. 실전 투자는 1년 또는 2년 후에 시작해도 결코 늦지 않다. 우리에게는 '평생'이라는 긴 시간이 주어져 있기 때문이다. 오늘 당장 시작해서 몇 년 안에 부자가 되자는 이야기가 아니다.

투자를 하다 보면 수없이 많은 유혹과 욕심에 흔들릴 것이다. 좌절을 겪기도 하고, 기쁨과 환희에 찰 때도 있을 것이다. 그러나 이런 감정의 소용돌이에 휩쓸리지 말고 뚜벅뚜벅, 자신의 보폭에 맞는 걸음걸이로 나아가기를 바란다. 긴 호흡으로 포기하지 않고 투자한다면 당신에게 남은 것은 성공뿐이다.

오늘도 필자를 위해 교회에 가서 기도해주시는 아버지(이길영)와 어머니(김복동), 멋진 아내를 보내주신 장인어른(김원홍)과 장모님(김정분), 모자란 필자와 결혼하여 살고 있는 사랑하는 아내(김은영), 무럭무럭 잘 자라줘서 고마운 아이들(하영, 기찬, 하율)은 이 책을 나오게 한 원동력이다. 동생(현주, 현정)네 식구들과 처남(용남, 시우) 식구들에게도 고마움을 전한다. 끝으로, 부족한 필자에게 많은 영감과 기회를 제공하는 수많은 책의 저자와 투자자들에게 감사와 존경의 마음을 전한다.

| 참고 문헌 |

경제학

개리 벨스키 외 지음, 노지연 옮김, 『돈의 심리학』, 한스미디어, 2006.

고영성 지음, 『경제를 읽는 기술, 히트』, 스마트북스, 2011.

나심 니콜라스 탈레브 지음, 차익종 옮김, 『블랙 스완』, 동녘사이언스, 2008.

나심 니콜라스 탈레브 지음, 이건 옮김, 『행운에 속지 마라』, 중앙북스, 2010.

네이트 실버 지음, 이경식 옮김, 『신호와 소음』, 더퀘스트, 2014

대니 돌링 지음, 안세민 옮김, 『100억명』, 알키, 2014

대니얼 카너먼 지음, 이진원 옮김, 『생각에 관한 생각』, 김영사, 2012.

댄 애리얼리 지음, 김원호 옮김, 『댄 애리얼리, 경제 심리학』, 청림출판, 2011.

라구람 라잔 지음, 김민주, 송희령 옮김, 『폴트 라인』, 에코리브르, 2011

번 S. 버냉키 지음, 김홍범,나원준 옮김, 『벤 버냉키, 연방준비제도와 금융위기를 말하다』, 미지북스, 2014

시드니 호머, 리처드 실라 지음, 이은주 옮김, 『금리의 역사』, 리딩리더, 2011

아티프 미안, 아미르 수피 지음, 박기영 옮김, 『빚으로 지은 집』, 열린책들, 2014

에드워드 블레이저 지음, 이진원 옮김, 『도시의 승리』, 해냄출판사, 2011

에릭 라이너트 지음, 김병화 옮김, 『부자나라는 어떻게 부자가 되었고 가난한 나라는 왜 여전히 가난한가』, 부키, 2012.

오영수 지음, 『매직 경제학』, 사계절, 2008

유시민 지음, 『부자의 경제학 빈민의 경제학』, 푸른나무, 2004.

제이슨 츠바이크 지음, 오성환 외 옮김, 『머니 앤드 브레인』, 까치, 2007.

조지 애커로프 외 지음, 김태훈 옮김, 장보형 감수, 『야성적 충동』, 랜덤하우스코리아, 2009.

조지 소로스 지음, 황숙혜 옮김, 이상건 감수, 『조지 소로스, 금융시장의 새로운 패러다임』, 위즈덤하우스, 2008.

찰스 P. 킨들버거 외 지음, 김홍식 옮김, 『광기, 패닉, 붕괴 금융위기의 역사』, 굿모닝북스, 2006.

코너 우드먼 지음, 홍선영 옮김, 『나는 세계일주로 자본주의를 만났다』, 갤리온, 2012

케네스 로고프 외 지음, 최재형 외 옮김, 『이번엔 다르다』, 다른세상, 2010.

케이웃 첸 외 지음, 이영래 옮김, 『머니랩』, 타임비즈, 2010.

토드 부크홀츠 지음, 류현 옮김, 한순구 감수, 『죽은 경제학자의 살아있는 아이디어』, 김영사, 2009.

폴 오이어 지음, 홍지수 옮김, 『짝찾기 경제학』, 청림출판, 2014

폴 크루그먼 지음, 안진환 옮김, 『불황의 경제학』, 세종서적, 2015

피터L.번스타인 지음, 안진환 옮김, 『리스크』, 한국경제신문사, 2008

홍춘욱 지음, 『돈 좀 굴려봅시다』, 스마트북스, 2012.

홍춘욱 지음, 『환율의 미래』, 에이지21, 2016

투자 마인드

김수영 지음, 『월급쟁이 부자는 없다』, 퍼플카우, 2014

김재영 지음, 『스트레스 없는 재테크 10가지 습관』, 리더스북, 2005.

나폴레온 힐 지음, 권혁철 외 옮김, 『놓치고 싶지 않은 나의 꿈 나의 인생』(전3권), 국일미디어, 2010.

대니얼 코일 지음, 윤미나 옮김, 『탤런트 코드』, 웅진지식하우스, 2009

데이비드 브룩스 지음, 이경식 옮김, 『소셜애니멀』, 흐름출판, 2011

로버트 기요사키 외 지음, 형선호 옮김, 『부자 아빠 가난한 아빠』(전5권), 황금가지, 2002.

리처드 와이즈먼 지음, 박세연 옮김, 『립잇업』, 웅진지식하우스, 2013

마이클 모부신 지음, 서정아 옮김, 『내가 다시 서른 살이 된다면』, 토네이도, 2013

마크 빅터 한센 외 지음, 이순주 옮김, 『1분이 만드는 백만장자』, 북@북스, 2002.

막스 귄터 지음, 송기동 옮김, 『돈의 원리』, 북스넛, 2006.

매슈 사이드 지음, 신승미 옮김, 『베스트 플레이어』, 행성B온다, 2012

박경철 지음, 『시골의사의 부자경제학』, 리더스북, 2011.

박용석 지음, 『재테크의 99%는 실천이다』, 토네이도, 2006.

보도 섀퍼 지음, 신지원 그림, 김준광 옮김, 『열두 살에 부자가 된 키라』, 을파소, 2001.

브라이언 트레이시 지음, 정범진 옮김, 김동수 감수, 『목표 그 성취의 기술』, 김영사, 2003.

수전 케인 지음, 김우열 옮김, 『콰이어트』, 알에이치코리아, 2012

스펜서 존스 지음, 이영진 옮김, 『누가 내 치즈를 옮겼을까?』, 진명출판사, 2008.

애덤 그랜트 지음, 윤태준 옮김, 『기브 앤 테이크』, 생각연구소, 2013

이상건 지음, 『부자들의 개인 도서관』, 랜덤하우스코리아, 2005.

임영익 지음, 『메타생각』, 리콘미디어, 2014

채널 A 독한인생 서민갑부 팀 지음, 『서민갑부』, 동아일보사, 2015

존 맥스웰 지음, 조영희 옮김, 『생각의 법칙 10+1』, 청림출판, 2003.

지그 지글러 지음, 이은정 옮김, 『정상에서 만납시다』, 산수야, 2008.

캐서린 폰더 지음, 남문희 옮김, 『부의 법칙』, 국일미디어, 2003.

크리스티아 프릴랜드 지음, 박세연 옮김, 『플루토크라트』, 열린책들, 2013

토머스 J. 스탠리 외 지음, 홍정희 옮김, 『이웃집 백만장자』, 리드리드출판, 2002.

토머스 J. 스탠리 지음, 장석훈 옮김, 『백만장자 마인드』, 북하우스, 2007.

하노 벡 지음, 배명자 옮김, 『부자들의 생각법』, 갤리온, 2013

한상복 지음, 『한국의 부자들』, 위즈덤하우스, 2003.

황석 지음, 『내 안의 부자를 깨워라』, 오픈마인드, 2010.

재무설계 기초

고경호 지음, 『4개의 통장』, 다산북스, 2009.

데이브 램지 지음, 백가혜 옮김, 『절박할 때 시작하는 돈관리 비법』, 물병자리, 2010.

보도 섀퍼 지음, 이병서 옮김, 『보도 섀퍼의 돈』, 북플러스, 2011.

스테판 M. 폴란 외 지음, 노혜숙 옮김, 『다 쓰고 죽어라』, 해냄, 2009.

오종윤 지음, 『20년 벌어 50년 먹고사는 인생설계』, 더난출판, 2004.

이상건 지음, 『돈 버는 사람은 분명 따로 있다』, 더난출판, 2001.

잭 오터 지음, 이건 옮김, 홍춘욱 감수, 『돈 버는 선택 vs 돈 버리는 선택』, 부키, 2012.

정철진 지음, 『대한민국 20대 제테크에 미쳐라』, 한스미디어, 2006.

조지 S. 클레이슨 지음, 강주헌 옮김, 『바빌론 부자들의 돈 버는 지혜』, 국일미디어, 2011.
최성우 지음, 『은행의 비밀 52』, 한스미디어, 2009.
성선화 지음, 『재테크의 여왕』, 청림출판, 2015

주식 투자

니콜라스 다비스 지음, 권정태 옮김, 『나는 주식투자로 250만불을 벌었다』, 국일증권 경제연구소, 2003.
루앤 로프턴 지음, 이종호 옮김, 포틀리 폴 감수, 『워렌 버핏은 왜 여자처럼 투자할까?』, 서울문화사, 2012
리처드 페리 지음, 이건 옮김, 『현명한 ETF 투자자』, 리딩리더, 2012
랄프 N. 엘리어트 지음, 이형도 엮음, 로빈장 옮김, 『엘리어트 파동이론』, 이레미디어, 2006.
문병로 지음, 『문병로 교수의 메트릭 스튜디오』, 김영사, 2014
박성민 지음, 『백만 불짜리 개미 경제학』, 다산북스, 2009
박영옥 지음, 『주식, 농부처럼 투자하라』, 모아북스, 2010.
벤저민 그레이엄 지음, 박진곤 옮김, 『현명한 투자자』, 국일증권경제연구소, 2007.
사와카미 아쓰토 지음, 유주현 옮김, 『불황에도 승리하는 사와카미 투자법』, 이콘, 2009.
서준식 지음, 『눈덩이주식 투자법』, 부크온, 2012
성필규 지음, 『돈을 이기는 법』, 쌤앤파커스, 2013.
신진오 지음, 『Value Timer의전략적 가치투자』, 이콘, 2009
앙드레 코스톨라니 지음, 김재경 옮김, 『돈, 뜨겁게 사랑하고 차갑게 다루어라』, 미래의 창, 2005.
앨리스 슈뢰더 지음, 이경식 옮김, 『스노볼』(전2권), 랜덤하우스코리아, 2009.
이민주 지음, 『진짜 돈 버는 대한민국 고수분석』, 부크홀릭, 2010.
이주영 지음, 『청춘의 투자학』, 굿앤웰스, 2010
이채원 외 지음, 『이채원의 가치투자』, 이콘, 2007.
제레미 시겔 지음, 김종완 외 옮김, 『제레미 시겔의 주식투자 바이블』, 거름, 2001.
제시 리버모어 지음, 박성환 옮김, 『주식 매매하는 법』, 이레미디어, 2007.
존 네프 외 지음, 김광수 옮김, 『수익률 5600% 신화를 쓰다』, 시대의창, 2004.
존 보글 지음, 이건 옮김, 『모든 주식을 소유하라』, 비즈니스맵, 2007.
켈리 라이트 지음, 홍춘욱 외 옮김, 『절대로! 배당은 거짓말하지 않는다』, 리딩리더, 2013.
크리스토퍼 리소–길 지음, 김상우 옮김, 『안전마진』, 부크온, 2014
피터 린치 외 지음, 이건 옮김, 『전설로 떠나는 월가의 영웅』, 국일증권경제연구소, 2009.
필립 피셔 지음, 박정태 옮김, 『보수적인 투자자는 마음이 편하다』, 굿모닝북스, 2005.

부동산 투자

김경만 지음, 『부동산 경매비법』, 매일경제신문사, 2009.
김수현 지음, 『부동산은 끝났다』, 오월의 봄, 2011
김원철 지음, 『부동산 투자의 정석』, 위즈덤하우스, 2007.
김장섭 지음, 『뭘 해도 돈 버는 부동산 투자 습관』, 살림Life, 2008.
김장섭 지음, 『실전 임대사업 투자기법』, 플러스마인드, 2012.

김재범 지음, 『부동산 권리분석의 바다에 빠져라』, 사마트북스, 2014
김학렬(빠숑)지음, 『부자의 지도:다시 쓰는 택리지』, 베리북, 2016
김효진 지음, 『나는 부동산 싸게 사기로 했다』, 카멜북스, 2016
너바나 지음, 『나는 부동산과 맞벌이한다』, 알키, 2015
서울휘(배용환) 지음, 『나는 상가에서 월급받는다』, 베리북, 2015
송희창 지음, 『송사무장의 실전경매』, 지혜로, 2012.
신정헌 지음, 『저는 부동산경매가 처음인데요』, 한빛비즈, 2012.
아기곰 지음, 『부동산 비타민』, 중앙일보조인스랜드, 2007.
아파테이아 지음, 『마흔살, 행복한 부자 아빠』, 길벗, 2012
이영방 외 지음, 『2013 EBS 에듀윌 공인중개사 1차 기본서 부동산학개론』, 에듀윌, 2013.
이현정 지음, 『나는 돈이 없어도 경매를 한다』, 길벗, 2013.
조영환 지음, 『월세혁명』, 매일경제신문사, 2015
조상훈 지음, 『33세 14억, 젊은 부자의 투자 일기』, 매일경제신문사, 2003.
홍정표 등 지음, 『2013 EBS 에듀윌 공인중개사 1차 기본서 민법 및 민사특별법』, 에듀윌, 2013

기타분야

귀스타브 르 봉 지음, 김성균 옮김, 『군중심리』, 이레미디어, 2008.
김용규 지음, 『생각의 시대』, 살림출판사, 2014
로렌 슬레이터 지음, 조증열 옮김, 『스키너의 심리상자 열기』, 에코의서재, 2005.
말콤 글래드웰 지음, 임옥희 옮김, 『티핑포인트』, 21세기북스, 2004.
말콤 글래드웰 지음, 노정태 옮김, 최인철 감수, 『아웃라이어』, 김영사, 2009.
알버트 라슬로 바라바시 지음, 강병남 외 옮김, 『버스트』, 동아시아, 2010.
유현준 지음, 『도시는 무엇으로 사는가』, 을유문화사, 2015
재레드 다이아몬드 지음, 김진준 옮김, 『총, 균, 쇠』, 문학사상사, 2005.

통계 자료

국가통계포털 http://kosis.kr
금융감독원 http://www.fss.or.kr
금융감독원 전자공시시스템 http://dart.fss.or.kr
펀드닥터 http://www.funddoctor.co.kr
한국은행 경제통계시스템 http://ecos.bok.or.kr
kb금융지주 경영연구소 https://www.kbfg.com/kbresearch

새로운 부자의 탄생

후천적 부자

2016년 8월 1일 초판 1쇄 발행
2023년 6월 30일 초판 4쇄 발행

지은이   이재범
펴낸이   김남길

펴낸곳   프레너미
등록번호   제387-251002015000054호-
등록일자   2015년 6월 22일
전자우편   frenemy01@naver.com
전화   070-8817-5359
팩스   02-6919-1444

프레너미는 친구를 뜻하는 "프렌드(friend)"와 적(敵)을 의미하는 "에너미(enemy)"를 결합해 만든 말입니다.
급변하는 세상속에서 저자, 출판사 그리고 콘텐츠를 만들고 소비하는 모든 주체가 서로 협업하고 공유하고 경쟁해야 한다는 뜻을 가지고 있습니다.
프레너미는 독자를 위한 책, 독자가 원하는 책, 독자가 읽으면 유익한 책을 만듭니다.
프레너미는 독자 여러분의 책에 관한 제안, 의견, 원고를 소중히 생각합니다. 다양한 제안이나 원고를 책으로 엮기 원하시는 분은 frenemy01@naver.com으로 보내주세요.
원고가 책으로 엮이고 독자에게 알려져 빛날 수 있게 되기를 희망합니다.